민중과 함께 한 조선의 간디
조만식

민중과 함께 한 조선의 간디
조만식

| 장규식 지음 |

글을 시작하며

조만식, 그는 누구인가

자그마한 키에 무릎을 치는 깡똥한 검정 무명 두루마기, 말총모자에 편리화, 몽당 싸리 빗자루 같은 노랑 염소수염에 수물수물 얽은 얼굴, 박박 깎은 머리에 자그마한 눈, 나지막하고 허스키한 음성. 지인들이 떠올리는 '조선의 간디' 고당 조만식의 모습이다.

그는 훤칠한 외모나 화려한 언변과는 거리가 먼 사람이었다. 말보다는 근면 검소한 생활태도와 몸소 본을 보이는 실천궁행으로 민중의 신임을 얻은 진실의 사람, 실천의 사람이었다. 오산학교 교장 시절 그는 기숙사에 기거하면서 오전 6시 기상에서 오후 10시 취침까지 모든 일정을 학생들과 함께 했다. 학생들과 같이 일어나 체조하고 뒷산을 뛰어돌았으며, 아침 기도회를 인도하고 잠자리에 들기 앞서 뜰을 돌며 함께 교가를 불렀다. 겨울 땔감을 마련하기 위해 나무를 하러 갈 때도 학생들과 동행하여 같이 일을 했다.

그의 솔선수범은 조선물산장려운동의 깃발을 올릴 때도 마찬가지로 나타났다. 그는 의복에서 명함을 비롯한 일용품까지 가능한 한 조선물산을 애용하면서 몸소 모범을 보였고, 그 결과 그의 짧은 무명 두루마기와 말총모자는 물산장려운동의 상징이 되었다.

더불어 고당은 인화의 사람이기도 하였다. 일본유학 시절 그는 장로교와 감리교로 나뉘어 따로 예배를 드리던 기독교 신자들을 설득하고 본국의 두 교단 본부에 청원하여 장·감 연합의 도쿄 한인교회의 설립을 이끌어냈다. 또 유학생친목회가 출신지방별로 나뉘어 따로 놀자 "고향을 묻지 말자"며 지방색을 뛰어넘어 인화 단결할 것을 주장하였다. 고당의 인화 단결 주장은 1927년 비타협적 민족주의자와 사회주의자의 민족협동전선으로 신간회가 출범할 때 다시 한번 빛을 발했다. 고당은 신간회에 창립 발기인으로 참여하는 한편, 평양지회 회장을 맡아 지역의 민족운동 세력을 하나로 묶는 데 앞장섰다.

당시 그가 총무로 있던 평양 YMCA 회관에는 민족주의자, 사회주의자는 물론 억울한 호소나 딱한 의논을 하러 오는 사람, 자녀들의 학업 문제 때문에 속을 썩는 학부형, 다른 지방에서 처음 평양을 찾는 사람, 심지어 집나간 아내 문제로 상심한 노동자에 이르기까지 실로 다양한 사람들의 발길이 이어졌다고 한다. 고당은 그들에게 믿고 기댈 수 있는 든든한 기둥이 되어주었고, 인화의 정신으로 평양의 조선인사회를 하나로 엮어나갔다. 해방이 되고나서 평안남도 건국준비위원회 위원장에 추대되었을 때도 그는 좌우익을 망라한 위원회를 구성하여 인화 단결의 모범을 보였다.

그런데 고당이 인화 단결을 강조했다고 해서 누구하고나 덮어놓고 뭉치자고 주장한 것은 아니었다. 그는 단결 못지않게 원칙을 중시했고 무엇보다 스스로에게 엄격했던 지조의 사람이었다. 간디처럼 비폭력 무저항의 길을 선택했다고 해서 그가 일제의 총독부권력에 타협적이었다고 생각한다면 그것은 오해다. 그는 일제 식민지배에 비타협의 자세로 일관했다. 중일전쟁과 태평양전쟁을 통해 말기적 발악을 하던 일제가 온갖 회유와 탄압을 가해올 때도 흐트러짐 없이 의연하게 스스로의 중심을 잡아나갔다.

고당은 평소 말 없이 주로 상대방의 말을 듣는 편이었지만, '아니'라고 해야 할 때는 목에 칼이 들어와도 조용히 '아니'라고 하는 사람이었다. 해방 후 신탁통치 반대 입장을 철회하라고 소련군사령부와 공산당 쪽에서 압력을 가해올 때도 고당은 가만히 앉아 그들의 이야기가 끝날 때까지 듣고서 조용히 '아니' 해버렸다고 한다.

끝으로 고당은 평안도의 사람이었다. 진실의 사람, 실천의 사람, 인화의 사람, 지조의 사람으로서 고당의 사람 됨됨이는 그가 태어나고 자란 평안도를 토양으로 해서 싹트고 꽃을 피웠다. 그는 일본유학 5년간과 조선일보 사장에 취임하여 서울에서 보낸 1년을 제외하고는 죽을 때까지 고향 평안도를 떠나지 않았다. 배타적인 평안도 지방색을 가져서가 아니었다. 유학시절 동료 유학생들을 향해 고향을 따지지 말자고 했던 그였다. 그 누구보다 평안도를 사랑한 고당은 그러한 애향심을 애국애족으로 승화시켰다.

가장 토착적인 것이 가장 세계적이라는 말이 있듯이, 그는 평안도라는 삶의 자리에 굳게 서서 민족의 장래를 내다봤다. 그리고 그 자리에서 거창한 말대신 구체적인 실천을 통해 민족의 앞길을 하나하나 개척해

나갔다. 해방 후 숱한 정치 지도자들이 서울로 발길을 옮기며 저마다의 정치적 야심을 불태울 때도 그는 다른 데 눈길 돌리지 않고 자신이 딛고 서 있는 자리에서 묵묵히 새 나라 건설의 과업을 수행했다. 탈중앙의 풀뿌리 민주주의, 거기에 바탕한 하나된 국민국가. 고당이 그린 새 나라의 모습은 아마도 그러한 것이 아니었을까 싶다.

차례

글을 시작하며 4

- **평안도 상인의 후예**
  평민의 땅 평안도 10 | 개구쟁이 어린 시절 14 | 불행한 초혼과 상인시절 17

- **심기일전, 새로운 세계로**
  기독교 입교와 숭실학교 입학 22 | 일본 유학과 장·감 연합교회 설립 29
  고향을 묻지 맙시다 37

- **저 낮은 곳을 향하여**
  세상을 맑힐 샘물 한 줄기 오산학교 44 | 오산학교에서의 본보기 교육 48
  제자들의 눈에 비친 오산시절의 고당 53 | 독립선언 전야 57
  해외 망명의 실패 63 | 폐허 속의 오산으로 67 | 세 차례에 걸친 오산학교 봉직 70

- **내 살림 내 것으로**
  평양 조선물산장려회의 발기 76 | 사회운동의 근거지 평양 YMCA 83
  조선물산장려 캠페인 87 | 조선의 간디 92 | 기업설립운동과 근검저축식산조합 96
  생활개선운동과 기독교절제운동회 100

- **시민사회의 개척자**
  평양 사회와 고당 106 | 평양고아원의 설립 110 | 백선행기념관의 건립 113
  인정도서관의 설립 119 | 관서체육회의 조직 122 | 숭인상업학교의 경영 127

- 민족의 대동단결을 위하여

    민족협동전선 신간회 133 | 신간회 평양지회의 설립 138

    기독신우회와 농촌연구회 143 | 만보산사건과 그 이후 150 | 조선일보 사장에 취임 155

- 폭풍우 속에서

    을지문덕 묘산의 수보 164 | 동우회사건과 도산의 서거 167

    산정현교회의 폐쇄 174 | 회유와 압박, 그리고 은둔 179

- 민족의 십자가를 한 몸에 지고

    새 세상 평양으로 187 | 평안남도 건국준비위원회 190

    소련군의 진주와 평남 인민정치위원회 195 | 조선민주당의 결성 201

    분단의 십자가를 지고 204

    조만식의 삶과 자취 216

    참고문헌 223

    찾아보기 231

평안도 상인의 후예

평민의 땅 평안도

고당 조만식은 1883년 2월 1일, 음력으로는 1882년 임오년 12월 24일, 아버지 창녕 조씨 조경학과 어머니 경주 김씨 김경건 사이에 외아들로 평양에서 태어났다.

그는 평양에서 태어났지만, 선대의 고향은 평양 서쪽에 위치한 평안남도 강서군 반석면 반일리 안골이라는 농촌 마을이었다. '안골'은 무학산 자락이 좌청룡·우백호로 펼쳐진 품 안에 포근히 안겨 있다 해서 붙여진 이름으로, 강서읍에서 10리쯤 떨어진 이곳에 창녕 조씨 약 60가구가 집성촌을 이루고 양반 행세를 하며 살았다. 20리 거리에 반석면사무소가 있는 모락장과 평남선 기양역이 있었고, 15리쯤 떨어져 대동강 서안의 탄포와 청산포가 각각 위치해 있었다. 안골의 창녕 조씨 동족촌은 뒤에 기독교를 받아들여 기독교촌으로 변모하였다. 평양에서 태어난 고당은 해방을 맞기 전 1년 동안 일제의 압박을 피해 이곳에 은거하면서 모처럼 고향의 품에 안길 수 있었다.

강서 사람들은 높은 산도, 그리 넓은 평야도 없는 자연환경 속에서 스스로의 힘으로 살 길을 개척해야 했기 때문에 유달리 자립심과 투지가 강한 것으로 유명하다. 강서가 배출한 대표적인 인물로는 고당과 더불어 도산 안창호가 있다. 도산은 독립협회 시절 자신의 고향인 이곳 강서 탄포리에 교회를 세우고, 독립협회가 해산된 뒤에는 점진학교를 세워 고향에 신문화를 보급하는 데 앞장섰다. 그리하여 강서군은 일찍부터 신교육과 기독교가 널리 보급된 고장으로 전국에서도 이름이 났다. 뿐만 아니라 3·1운동을 대표하는 시위 가운데 하나인 이른바 '모락장폭동'으로 불리는 봉기가 일어났을 정도로 민족의식 도한 왕성하였다.

모락장 봉기는 3·1운동 당시 "대한독립만세"를 외치며 모락장을 향해 행진하던 시위 행렬에 일본 헌병분견대가 무차별 총격을 가하면서 벌어진 사건이었다. 1919년 3월 3일 이 지역의 기독교인들은 모락장과 이웃한 원장 장날을 이용해 독립선언식을 거행하고 반석면사무소가 있는 모락장을 향해 행진하였다. 그런데 수천 명의 시위 행렬이 모락장으로 접어들 무렵 신작로 주변에 매복해 있던 일본 헌병분견대가 실탄 사격을 가하면서 평화롭던 시위는 순식간에 유혈시위로 바뀌었다. 사상자가 여럿 생겨나자 흥분한 군중은 헌병분견대장 사이토를 비롯한 헌병보조원들을 무력으로 응징하고 모락장으로 들어가 헌병분견대 건물에 불을 질렀다. 뒤이어 평양 헌병대가 출동해 가혹한 보복을 가함으로써 모락장 일대는 수원 제암리사건 못지않은 피투성이의 현장이 되었다.

　아무튼 자립심과 개척정신, 불굴의 투지는 강서기질로 이야기되기도 하는데, 고당의 아버지 또한 그러한 기질을 물려받은 사람이었다. 고당의 아버지 조경학은 매년 벼 백 섬을 거둬들이는 강서의 향반鄕班 출신 중소지주로, 평양에서 일종의 위탁판매업이라 할 수 있는 물산객주 일을 하는 상인이었다. 그는 고향인 강서에 있을 때 글방을 차리고 직접 훈장이 되어 집안 아이들을 모아 가르쳤다고 한다. 그러다가 평양으로 이사해서 장사를 시작했다. 돈벌이에도 재주가 있었던 그는 처음에 남의 집 상점에서 회계장부 정리하는 일을 하며 장사 요령을 익혔다. 그리고 독립하여 물산객주를 차렸는데, 근면과 검소로 일관하며 힘쓴 결과 적지 않은 재산을 모을 수 있었다. 뒤에 고당이 오산학교 교장, 평양 YMCA 총무를 맡아 무보수로 봉사하면서도 일생 동안 의식주 걱정 않고 지낼 수 있었던 것은 백섬지기 지주에 장사 수완까지 갖춘 아버지를 둔 덕이었다.

　고당이 평안도 상인의 자식이었다는 사실은 물산장려운동을 비롯한 고당의 행적과 사상을 이해하는 데 매우 중요한 실마리를 제공한다. 평안도는 조선왕조 5백 년 동안 정치적으로 소외를 당해온 상것들의 땅이었다. 고당이 10년 가까이 봉직한 오산학교 설립자 남강 이승훈의 말대로 5백 년 묵은 원한이 맺힌 평안도에는 조상 울궈먹는 정승 판서의 사당도, 사색 당파도, 양반 상놈 따지는 차별도 없었다. 고당의 아버지처럼 지역에서 양반 행세를 하던 향반들이 있기는 했지만 뒤에 상업에 종사한 데서 알 수 있듯이 일반 평민들과 살아가는 방식에서 별다른 차이

관서지방의 중심도시 평양의 옛 모습

가 없었다. 평안도의 유생들은 정조·순조 임금 대 전국 8도에서 가장 많은 과거 급제자를 냈다. 그러나 오랜 지역차별로 중앙 관직으로 진출하는 길은 애당초 막혀 있었다. 그래서 무관으로 나아가지 않으면 상업에 종사하는 것이 보통이었는데, 고당의 아버지 또한 그러한 부류의 사람이었다.

그런데 인생지사 새옹지마人生之事 塞翁之馬라고, 시대가 바뀌면서 상황이 역전되었다. 오랜 정치적 차별로 양반사족 지배체제가 제대로 뿌리내리지 못한 까닭에 평안도에서는 신분이나 가문의 차별이 그다지 크지 않았고, 그것은 유교문화의 변방에서 신분보다 능력을 중시하는 평민문화를 발전시켰다. 평안도의 그 같은 평민문화를 이끌어간 것은 이른바

'자립적 중산층'이라 불린 중소상공인·중소지주·자작농 같은 신흥 사회세력이었다.

그들은 서당 교육을 통해 일정한 지식을 갖추고, 힘써 일해 자신들의 생계를 직접 꾸리며 평안도 특유의 평민적 자치질서를 만들어나갔다. 그리고 청나라와의 무역과 활발한 상업활동을 통해 평안도를 전국에서도 가장 번창하는 지방으로 만들었다. 개항 이후 사랑의 평등윤리를 설파하는 기독교를 먼저 받아들여 지역에 널리 퍼뜨린 것도 그들이었고, 신교육과 민족의식을 널리 보급하여 평안도를 근대문화의 새로운 중심지로 떠오르게 한 것도 그들이었다.

평안도 상인의 후예로서 고당의 민족운동은 도산 안창호, 남강 이승훈이 그러했듯이, 이같은 평안도의 평민문화, 평민적 자치질서를 그 토양으로 하고 있었다. 그는 평민의 땅 평안도가 낳은 인물이었고, 평안도 지역사회를 이끌어간 자립적 중산층을 대표하는 민족지사였다.

개구쟁이 어린 시절

보통 조만식하면 나지막한 음성에 말수 별로 없이 남의 말 듣기를 즐겨했던 '조선의 간디'라는 조용한 이미지를 떠올린다. 그러나 어린 시절 고당은 괄괄한 성격에 여간 개구쟁이가 아니었다고 한다. 고당에게는 다섯 살 위의 누이 조보패와 다섯 살 아래의 누이 조은식이 있었지만, 외아들이라 어려서부터 부모의 각별한 사랑을 받으며 자랐다. 살림살이도 물산객주 일을 하는 아버지 덕분에 넉넉한 편이었다.

서당에서 한학을 배우는 학생들

이처럼 유복한 가정환경 속에서 고당은 여섯 살부터 열네살 때까지 8년 동안 평양 관후리에 있는 서당에 나가 한학을 배웠다. 훈장은 장정봉이라는 한학자였다. 고당은 앉아 있을 때 몸을 좌우로 흔드는 버릇이 있었다고 하는데, 아마도 이때 서당에 다니며 몸에 밴 습관이 아닌가 싶다.

서당에서 고당은 조씨 집안의 장손이라 해서 조장손曺長孫이라는 애칭으로 불렸다. 이때 서당에서 같이 공부했던 동창생으로는 뒤에 고당과 더불어 평양 기독교계와 조선인사회의 지도자로 이름을 날린 한정교와 김동원이 있었다. 한정교는 고당을 기독교로 인도한 인물로, 한때 평양 종로거리에서 고당과 지물상을 동업하기도 했다. 그리고 김동원은 고당이 평양YMCA 총무로 있을 때 회장직을 맡아 고당과 함께 물산장려운동을 비롯한 지역의 사회운동을 이끌었다.

서당시절 조장손은 싸움꾼으로 유명하였다. 비록 몸집은 작았지만 몸이 여간 날랜 게 아니어서 늘 골목대장 노릇을 하였다. 이 아이의 특기는 날파람이었다. 날파람의 명수하면 조장손으로 통했다. 날파람은 손과 발로 상대를 공격하고 방어하는 요즘 태권도와 비슷한 일종의 호신무술이었다. 그런데 이 싸움 잘하는 아이는 머리가 길지 않아 꽁지 머리에 댕기를 달고 다녔다. 싸움을 할 때 머리를 푹 숙이고 상대 가슴을 향해 달겨들기 때문에 상대에게 머리 꽁댕이를 낚아채이는 까닭이었다. 그래서 머리는 많이 빠졌지만 싸움에서는 항상 상대를 혼내주고야 말았다. 그만큼 아이는 근성이 있고 심술궂었다.

조장손은 민속경기인 평양석전에서도 열렬한 응원꾼이었다. 평양석전은 고구려의 무사정신을 계승하는 민속놀이로 무예의 고장 평안도를 대표하는 경기였다. 음력 정월 초이튿날부터 보름날까지 반달 동안에 걸쳐 열리는 민속놀이였다. 성내군과 성외군으로 나뉘어 서로 돌팔매질을 하며 대항하는 장렬한 경기인데, 처음에는 오픈 게임으로 소년 팀이 싸우고 다음에 청장년 팀의 본격적인 싸움이 벌어졌다. 실전처럼 피 흘리는 부상자들을 내는 위험한 운동인 이 석전에는 지방장관들도 직접 참관하였다. 평안감사는 성내군 쪽에, 평양서윤은 성외군 쪽에 앉아 자기 편을 응원하면서 우수한 선수에게 상금을 내렸다. 관에서는 예로부터 국방상의 이유로 민병들의 사기를 기르는 행사인 석전을 장려하였는데, 석전에 출전한 양쪽 선수들이 머리에 질끈 동여매는 노란 수건도 관에서 나누어준 것이었다.

　평양석전의 열렬한 팬이었던 개구장이 소년 조장손은 해마다 석전이 열릴 때면 부모의 만류를 뿌리치고 하루도 빠지지 않고 경기장으로 달려갔다고 한다. 그러나 나라가 망하면서 민간 군사동원훈련의 성격까지 띠고 있었던 평양석전은 자취를 감추고 말았다. 뒤에 고당은 물산장려운동을 전개하면서 해마다 평양석전이 벌어지던 음력 정월 초에 조선물산장려를 선전하는 시가행진을 평양 시내에서 벌였는데, 평양석전에 대한 그리움과 아쉬움이 정월 초 물산장려 행진에 녹아든 것은 아닌지 혹시 모르겠다.

　고당은 숭실학교에 들어가서도 높이뛰기 선수로 활약하며 남다른 스포츠열을 과시하였다. 고당이 가진 불굴의 투지와 진취적 기상은 이러한 과정에서 형성되었다고 할 수 있는데, 그러한 점에서 고당이 후일 평양에서 관서체육회의 회장을 맡아 체육을 장려한 것은 결코 우연이 아니었다.

불행한 초혼과 상인시절

고당은 열세살 어린 나이에 박씨와 결혼을 하고, 이듬해 한문공부를 그만두면서 소년시절과 이별을 고했다. 그리고 대한제국이 성립한 1897년, 열다섯살 나이로 평양 종로거리에 무명과 베를 파는 백목전(포목상점)을 차리고 생활전선에 뛰어들었다.

　고당이 상점을 경영한 것은 집안의 경제적 어려움 때문은 아니었다.

그의 집안은 먹고 사는 데 어려움이 없을 정도로 넉넉한 편이었다. 그런데도 고당이 일찍부터 상업에 뛰어든 것은 평양기질이라고 하는 평양의 독특한 평민문화와 관련이 있었다. 당시 평양에서는 부유한 집안의 자제라 해도 놀고 먹게 놔두지 않고 일찍부터 상업이나 그 밖의 사업에 진출시켜 경험을 쌓게 하는 게 하나의 관습처럼 되어 있었다. 일생을 스스로의 힘으로 살아갈 수 있도록 그 토대를 마련케 하는 일종의 실업교육이었던 셈이다. 고당이 어린 나이에 상업에 종사한 것도 그런 실업교육의 일환이었다. 신분보다 능력을 중시하는 평민들의 땅 평안도가 가진 독특한 평민문화의 한 단면이었던 셈이다.

그러나 고당의 첫 사회생활은 순탄치가 못했다. 무엇보다 가정의 불행이 어린 가장 고당을 힘들게 하였다. 평양 종로거리에 포목점을 차린 그 해에 고당은 박씨 부인과의 사이에서 첫 아들 칠숭이를 낳았다. 그러나 불행히도 그 아이는 정신미숙아였다. 고당의 부모는 물론 고당 자신과 부인의 상심은 이만저만한 것이 아니었다. 게다가 박씨 부인마저 고당이 20세 되던 1902년에 세상을 떠나고, 칠숭이도 사람구실을 못하다가 그 5년 뒤에 죽으니 고당의 몸과 마음은 온통 만신창이가 될 수밖에 없었다. 고당이 한때 평양 종로상인들 사이에 술 잘하고 기생하고 잘 노는 난봉꾼으로 이름이 높았던 것도 그런 가정사의 불행과 무관치는 않았던 것으로 보인다.

첫 부인 박씨를 잃은 그 해에 고당은 열일곱 살 난 안주 태생의 전주이씨 이의식을 둘째 부인으로 맞았다. 재혼한 뒤 다소간 생활에 안정을 찾은 고당은 이씨 부인과의 사이에 장녀 선부, 장남 연명, 차녀 선희, 차

고당의 상점이 있었던 평양 대동문 거리

남 연창을 차례로 두었다.

고당은 열다섯 살에 시작한 장사를 스물두 살까지 8년간 계속하였다. 처음에는 평양 대동문 들목 북쪽 종각 근처에서 포목점을 경영하였고, 다음에는 대동관(구 종로보통학교) 근처에서 서당시절 동창생인 한정교와 동업으로 지물포를 경영하였다.

상인시절 고당은 기독교 신자도 아니었고, 나라와 겨레의 앞날을 걱정하며 비분강개하는 지사도 아니었다. 그저 평양 저자거리의 한낱 장사꾼이었을 뿐이었다. 장사를 하며 그는 거의 매일 술을 마셨다. 친구를 만나거나 상거래를 할 때 며칠 밤을 세우며 술을 마시기도 했고, 때로는 술이 과해 길바닥에서 하늘을 이불삼아 노숙을 하기도 했다. 담배도 골초여서 큰 특제 담뱃대에다 성천초 세 잎사귀를 꽁꽁 말아서 석 대를 피운 뒤에야 아침 잠자리에서 일어날 정도였다. 기생집 출입도 잦아 그때 배운 가락으로 나중에도 〈수심가〉 한마디는 썩 잘했다고 한다. 그래서 어머니의 걱정이 이만저만이 아니었는데, 기독교에 입문한 뒤로는 그렇게 즐기던 술 담배를 딱 끊었다.

일단 한 번 끊고 나서 고당은 해방 후 고립무원의 울적한 마음을 달래려 반주로 몇 잔씩 다시 마실 때까지 일체 술을 입에 대지 않았다. 그래도 비가 부슬부슬 내리거나 할 때는 술 생각이 났던 모양이다. 고당이 평양YMCA 일을 볼 때 곁에서 가까이 지낸 김병연이 전하는 일화는 이러했다.

언젠가 하루는 고당이 광명서관 2층 YMCA 사무실에서 큰 회의용 테이블 둘레를 돌며 손뼉을 치고 있었어요. 하도 이상스러워 그 까닭을 물었더니 고당이 이렇게 대답을 하더군요.
"사람의 습성이란 참 무섭군요. 글쎄 내가 술을 끊은 지가 이미 20년인데, 오늘같이 날씨가 흐리터분하거나 경찰의 단련을 심하게 받거나 하면 속이 클클해서 술생각이 나거든요. 그 술생각을 억제하려고 지금 이러는 거요. 하하하"

이렇게 술에 절어 지낸 고당의 상인시절은 1904년 러일전쟁이 일어나며 끝을 맺었다. 전쟁이 일어나자 고당은 장사를 그만두고 가족을 따라 대동강 중류의 베기섬 마을로 피난을 떠났다. 그가 기독교에 입교한 것도 이 무렵이었는데, 전쟁의 경험이 그에게 므언가 종교적인 깨달음을 가져다 준 것이 아닌가 싶다.

심기일전, 새로운 세계로

기독교 입교와 숭실학교 입학

어린 시절 날파람의 명수로 골목대장 노릇을 했고, 결혼해서 상점을 낸 뒤로는 평양 종로거리에서도 술 잘하는 대주가로 이름을 날린 고당이 상투머리를 깎고 기독교 신자가 되어 성경공부를 시작한 것은 분명 놀라운 사건이었다.

고당을 기독교로 인도한 사람은 평양 초대교회 지도자 가운데 한 사람이었던 한정교였다. 한정교는 고당과 서당 동창생이자 평양 종로거리에서 동업으로 지물포를 경영할 정도로 막역한 사이였다. 고당이 어떻게 해서 기독교를 받아들였는지에 대해서는 명확하게 알려진 바가 없다. 러일전쟁을 목격하면서 인생의 문제에 대해 새로운 깨달음을 얻어서였는지, 상인시절의 방탕한 생활에 대한 깊은 반성에서였는지 분명치가 않다. 아무튼 기독교에 입교한 고당은 신학문의 필요를 느끼게 되었고, 그러한 깨달음은 고당을 만학의 길로 이끌었다.

고당이 학교의 문을 두드린 것은 기독교에 입교한 다음 해인 1905년, 그의 나이 스물세 살 때였다. 고당의 숭실학교 입학에 대해서는 다음과 같은 일화가 전한다.

숭실학당의 설립자 베어드 목사

장사를 하다 놓고 있던 차에 누군가에게 숭실학교에 입학해 신학문을 공부해보라는 권유를 받은 고당은 아버지에게 그 같은 뜻을 밝혔다. 밤낮 술타령으로 하던 사업까지 거덜낸 아들의 뜬금없는 말에 고당의 아버지는 "그랬으면 사람구실하게. 나는 암만해도 네 소리가 믿겨지지 않는다"며 반신반의했다. 아버지의 승낙을 받아낸 고당은 술친구, 화류계 친구들을 모아놓고 그 동안의 방탕한 생활을 청산한다는 명목으로 밤새 전별주를 마시고, 이튿날 술 냄새를 풍기며 갈지자 걸음으로 숭실학교를 찾았다.

숭실학교 설립자이자 교장인 베어드William M. Baird 목사(한국명 배위량)가 주정뱅이 꼴을 한 고당이 마땅치 않았는지 "공부는 무엇하러 하려 하나"고 묻자, 고당은 "공부해서 하나님 일을 하겠소"라고 답을 했다고 한다. 대답이 걸작인지라 이 한마디로 고당은 열심히 공부하라는 격려와 함께 숭실학교 입학을 허락받았다.

평양 신양리의 숭실학교 한옥교사

　　기혼에 아이까지 둔 스물세 살의 중학생 고당은 숭실학교에 입학해서 아라비아 숫자를 배우고, 지세약해地勢略解, 사민필지四民必知, 동식물학, 생리학, 만국통감萬國通鑑 같이 이전에 보지도 듣지도 못했던 신학문을 공부하기 시작하였다.

　　숭실학교는 평양에 최초로 설립된 신식 중등교육기관이었다. 1897년 10월 미국 북장로회 선교사 베어드 목사가 자신의 사랑방 두칸을 교실로 삼아 13명의 기독교인 자제들에게 초등학교 수준의 교육을 실시하면서 시작한 이 사랑방 학교는 이듬해 중등교육반을 개설하고 기초교육을 실시하였다. 그리고 1900년도 새 학기부터는 정부에서 발표한 중학교 관제에 따라 5년제의 중학교 교과과정을 적용하였다. 처음에 교명도 없이 평양학교 또는 예수교학당으로 불리던 학교는 1901년 평양 신양리에 새로 지은 2층 한옥 교사로 이전하면서 비로소 학교다운 면모를 갖추고, 진실을 숭상한다는 뜻의 '숭실학당崇實學堂'이라는 이름을 갖게 되었다. 1904년에는 제1회 졸업생으로 차리석, 최광옥, 노경오를 배출하였다.

처음에 미국 북장로회 평양선교지부 직영 학교로 출발한 숭실학교는 고당이 입학한 이후 북장로회와 북감리회 선교지부가 공동으로 경영하는 연합교육기관 합성숭실合成崇實이 되었다. 대학부도 설치되어 합성숭실대학Union Christian College으로 발전하였다. 교회 연합 학교로서 합성숭실의 출현은 어느 선교부나 큰 규모의 교육기관을 경영할 만한 경제력이 없었고, 자격을 갖춘 교사의 수도 턱없이 부족한 당시 실정을 고려할 때 매우 적절한 조치라 할 수 있었다. 뿐만 아니라 편협한 교파주의를 뛰어넘어 선교교육의 일치단결을 모색했다는 점에서도 특기할 만한 사건이었다. 합성숭실학교에 다니며 고당이 배우고 익힌 기독교는 이 같이 초교파적인 복음주의였다. 훗날 고당이 일본 도쿄에 우리나라 최초의 장로교·감리교 연합교회를 설립하는 데 앞장서고, 평양YMCA 총무로 있으면서 교파를 뛰어넘어 기독교인들의 일치된 사회운동을 이끌어낸 것은 합성숭실에서 받은 교육의 영향이었다. 합성숭실을 통한 북장로회와 북감리회 평양선교지부의 연합교육사업은 북감리회가 별도로 광성학교를 세워 떨어져 나간 1915년까지 10년간 지속되었다.

숭실학교 시절 고당에게 가장 큰 인격적 감화를 준 인물은 학교 설립자인 베어드 목사였다. 베어드 목사는 1891년 내한하여 6년간 부산에서 선교사업을 하다가, 1897년 평양에 교육선교사로 파송을 받아 숭실학당을 개설하였다. 그는 성격이 강직하고 근엄한 인물이었지만 수백 명

숭실학교의 대운동회 광경

학생들의 이름을 일일이 기억할 정도로 자상한 면이 있었다. 고당의 회고에 따르면 베어드 목사는 마펫 목사를 비롯한 평양의 다른 보수적 선교사들과 달리 내세 영혼의 천당구원보다 현재 실제생활에서의 사회적 구원을 중시했다고 한다. 그는 숭실학교를 운영하며 자기 백성을 위해 온몸으로 실천궁행하는 눈물의 전도자, 정열의 설교가, 사랑의 사역자를 키우려 했다. 고당이 숭실학교에 입학해 방탕한 생활을 청산하고, 사회봉사와 민족구원에 대한 신념으로 민족을 위해 평생 헌신한 것도 베어드 목사의 그 같은 가르침이 있어서였다.

고당이 숭실학교 무등반 즉 1등반(학년) 예비과정으로 입학할 당시에는 초기의 신교육이 대부분 그러했듯이 10대 청소년과 이미 결혼을 한 20~30대 청장년이 같은 교실에서 동창생으로 공부하였다. 교복을 입히지 않아 복장도 제각각이었는데, 고당이 입학할 무렵부터 학생모만은 쓰게 하여 학년을 구별하였다. 무등반은 자색, 1등반은 회색, 2등반은 청색, 3등반은 황색의 띠를 모자에 각각 두르게 했고, 대학생에게는 사각모를 씌웠다. 그리고 그 무렵 개교한 평양신학교 학생에게는 대학생보다 더 높다는 의미에서 육각모를 쓰게 했다.

숭실학교의 하루 일과는 아침 예배로 시작하였는데, 성경·한글 한문·수학·과학·지리·역사·음악·미술·체육 등의 학과 수업과 고학생들을 대상으로 한 공작부 근로 말고는 특별한 것이 거의 없었다. 문예발표회나 음악회, 강연회는 물론 학생집회조차 별로 없었다. 게다가 등잔 밑이 어둡다고 미국인 선교사가 세운 학교인데도 영어를 전혀 가르치지 않았다. 체육도 축구나 야구나 정구같이 공을 가지고 노는 운동은 구경도 할 수 없었고 "나파륜(나폴레옹)의 군인보다 질 것 없겠네"하는 식의 병식체조가 고작이었다. 때문에 교정 한 구석에 숨어서 순번을 짜 망을 보며 몰래 담배질 하는 것 말고는 학과 외에 다른 취미가 있을 수 없었다고 한다.

이렇게 단조로운 학교생활이었지만 고당은 공부하고 기도하고 전도하고, 학우들과 즐겁게 웃고 놀고 가끔 운동도 하고 친밀히 사귀며 지낸 숭실학교 시절이야말로 참 낙원 같았다고 회고한다. 방탕하게 살다 학생이 되어 신학문도 배우고 신앙생활도 하게 되니 그 재미와 맛이 무어라 말할 수 없을 정도로 좋았다는 것이다. 숭실학교에서의 새 생활과 새 분위기에 흠뻑 빠진 고당은 즐기던 술 담배를 끊고 모범학생이 되어 학업에 전념하였다.

독실한 신앙인으로 민족의식에 눈을 뜬 것도 이때였다. 고당이 숭실학교에 입학한 1905년은 일본이 억지춘향으로 이른바 '보호조약'을 강요해 한국 정부의 외교권을 빼앗은 해였다. 을사조약의 억지 체결 소식에 비분강개한 숭실학교 학생들은 한동안 학업을 전폐하며 일본의 비열한 침략행동을 성토하였다. 많은 학생들이 학교를 떠나 고향으로 돌아갔고, 특별히 12명의 학생은 을사조약반대 투쟁에 참여하기 위해 학교 측의 만류도 뿌리친 채 서울로 올라갔다. 정교가 쓴 《대한계년사》에 보면, 당시 서울 상동교회 청년회의 정순만 등이 평안도 장사 수십 명을 모아 조약 체결자 박제순을 비롯한 이른바 '을사 5적'의 처단을 모의했다는 기록이 있는데, 아마도 이들을 가리키는 것이 아닌가 싶다. 아무튼 이 일로 12명의 학생이 학교로부터 정학처분을 받았다.

이런 와중에 이제 학교에 갓 입학한 고당이 어떤 행동을 취했는지를 말해주는 기록은 없다. 직접적인 투쟁 대열에 나서지는 않았다 해도 이후 그의 행적이 말해주듯 고당 또한 을사조약 억지 체결 이후 학생들 사이에 뜨겁게 달아오른 구국의 열기에 휩싸였을 것이다. 기독교와 민족에 대해 진지한 고민을 하기 시작한 것도 아마 이때부터가 아닌가 싶다.

이후 애국사상을 고취하는 교육구국운동의 불길이 무서운 기세로 평안도 일대를 휩쓰는 가운데, 고당은 더욱 학업에 정진하여 남같으면 5년 동안 공부해야 할 것을 월반해서 3년 만에 졸업하였다. 뿐만 아니라 학교 높이뛰기 선수로 활약하는 등 체육활동에서도 두각을 나타냈다. 고당이 숭실학교에 다니며 같이 어울린 동기생으로는 임종순·박상순·손정도·김득수 등이 있었는데, 모두 한국교회사와 민족운동사에 뚜렷한 자취를 남긴 인물들이었다.

일본 유학과 장·감 연합교회 설립

스물여섯 살이 되던 1908년 봄 평양 숭실학교를 제5회로 졸업한 고당은 교원생활을 하라는 주변의 권유를 뿌리친 채 일본 도쿄로 유학길에 올랐다. 신학문에 접하고 점차 식견이 늘어남에 따라 우물 안 개구리 생활에서 벗어나 좀 더 넓은 세상으로 나아가 보고픈 마음에서였을 것이다.

일본 도쿄에 도착한 고당은 대학 진학에 앞서 어학준비를 위해 세이소쿠영어학교正則英語學校에 입학하여 2년 동안 영어와 일본어는 물론 수학 등의 과목을 공부하였다. 그리고 1910년 4월 메이지대학明治大學 전문부 법학과에 진학하였다. 그가 법학을 선택한 것은 장차 관료가 되어 조국을 개명시키고 부강한 나라로 만들겠다는 의지의 표현으로 보이는데, 그것은 당시 도쿄 유학생들의 일반적인 분위기이기도 했다. 그러나 고당이 법학과에 진학한 그 해 나라가 망하면서 그 같은 청운의 꿈은 물거품이 되고 말았다. 하지만 고당은 좌절하지 않고, 나라가 망하고 입신출세의 꿈이 무너진 그 쓰라린 경험을 자신을 더욱 성숙시키는 계기로 삼았다. 이후 고당은 교육자로, 시민사회의 개척자로, 민중의 지도자로 더 낮은 데로 나아가 자신에게 주어진 길을 걸어갔다. 위만 바라보지 않고 아래로 내려갈 줄 아는 지도자, 고당의 위대함은 바로 그런 데에 있었다.

도쿄 유학기간 5년 동안 고당은 방학 때도 여간해서는 귀국하지 않고 무던히 학업에 열중하였다. 아버지의 배려로 그가 집에서 갖다 쓴 학비는 매달 50원 가량이었는데, 그 덕에 그는 궁색치 않은 유학생활을 보낼 수 있었다. 고당은 다달이 오는 학비를 절약해서 어려운 형편의 친구를

메이지 대학

돕기도 하였다.

  도쿄에서 고당은 학업에 힘쓰는 한편으로 유학생 활동에도 열심을 보였다. 유학생 사회를 대상으로 한 고당의 활동은 1910년 메이지대학 진학 이전과 이후로 크게 나누어볼 수 있는데, 메이지대학 진학 이전에 고당이 특히 관심을 기울인 분야는 일반 유학생단체보다는 도쿄대한기독교청년회YMCA나 도쿄 한인교회 같은 종교단체를 거점으로 한 활동이었다. 그 가운데서도 도쿄대한기독교청년회는 유학시절 고당의 사랑방이었다.

도쿄대한기독교청년회의 역사는 황성기독교청년회의 부총무를 지낸 김정식이 도쿄 유학생 사회에 YMCA를 창설할 목적으로 1906년 8월 도쿄에 파견되면서 시작되었다. 김정식은 황해도 해주 출신으로, 일찍이 무과에 합격하여 대한제국 정부에서 경무관을 지낸 초기 한국기독교 지도자 가운데 한 사람이었다. 그는 1902년 개혁당사건에 연루되어 이상재를 비롯한 독립협회 출신 인사들과 함께 정치범으로 한성감옥에 수감되었을 때 이승만의 옥중전도를 받아 기독교로 개종하였다. 그리고 출옥 후 옥중동지들과 함께 황성기독교청년회에 집단 가입하여 선교활동과 계몽운동에 전념하였다. 도쿄에 도착한 긴정식은 곧바로 YMCA 조직 준비에 들어가 1906년 11월 5일 간다 구神田區 미도시로 정美土代町에 있는 일본 도쿄YMCA 2층의 방 하나를 빌어 도쿄대한기독교청년회를 발족하였다. 여기서 성경연구반을 여는 것으로 사업을 시작한 도쿄대한기독교청년회는 1907년 8월 간다 구 니쇼카와 정西小川町에 있는 건물 하나를 세내어 회관을 이전하면서 본격적인 활동에 들어갔다.

당시 도쿄대한기독교청년회의 주요 사업은 새로 건너온 유학생을 위한 숙식 알선과 일어·영어·수학 강습, 봄·가을의 대운동회, 성서연구와 예배 등이었다. 청년회관 안에는 교실·성경연구실·독서실·운동실 등이 차려져 있어 유학생들의 집결지 역할을 하였다. 1909년 유학생들의 통합단체로 출범한 대한흥학회도 매주 토요일 여기서 모임을 가졌다. 3·1운동에 앞서 1919년 2월 8일 도쿄유학생들이 조선청년독립단을 조직하고 독립선언식을 거행한 장소도 도쿄조선기독교청년회관이었다.

도쿄 유학시절 고당은 도쿄대한(조선)기독교청년회의 회장(이사장)을 역임하며 김정식 총무와 함께 청년회를 이끌어나갔다. 당시 도쿄유학생 가운데는 적지않은 수의 기독교 신자가 있었다. 그들은 기독교청년회에서 총무 김정식의 인도로 성경연구반 모임을 갖고 주일 예배를 드렸다. 1909년 무렵 매주 일요일 밤마다 열린 종교집회에는 평균 81명의 유학생이 참석하였는데, 세례를 받은 교인의 수만도 40명에 이르렀다. 때문에 기독교청년회 말고 별도의 한인교회가 필요하게 되었다.

도쿄에 유학생을 대상으로 한 교회를 설립하는 문제는 평양 장대현교회의 정익로 장로가 국한문 옥편을 편찬하기 위해 도쿄를 방문하면서 물꼬가 트였다. 정익로 장로는 도쿄에 한인교회가 없는 것을 걱정하고 기독교청년회의 김정식과 이 문제를 상의하였다. 그들은 도쿄에 있는 한국 학생들이 아예 머물러 사는 것은 아니나 새로운 학생들이 계속해서 올 것이고 그 수도 늘어날 형편이니 청년회 밖에 따로 교회가 있어야 하겠다는 데 의견의 일치를 보고, 고당을 비롯한 기독교 신자 유학생들의 협력을 얻어 교회 설립을 발기하였다. 그리고 본국의 대한예수교장로회 독로회에 목사 파송을 요청하였는데, 새로 설립할 교회의 교파를 장로교회로 정한 것은 발기인의 대부분이 장로교인인 때문이었다.

도쿄 한인교회의 설립은 1909년 5월 독로회의 파송을 받은 한석진 목사가 도쿄에 도착하여 청년회관 안에 교회를 조직하고, 김정식·조만식·오순형 등 세 명을 영수로, 김현수·장원배·장혜순 백남훈 등 네 명을 집사로 임명함으로써 결실을 맺었다. 고당과 함께 영수로 추대된 오순형은 메이지학원明治學院 유학생으로, 집사에 임명된 백남훈과는 이종사촌 간이었다. 네 명의 집사 또한 모두 미국 북장로회 선교부에서 설립한 메이지학원 유학생들이었는데, 장혜순은 고당의 숭실학교 동문이기도 했다.

도쿄 한인교회의 초대 목사 한석진은 마펫 선교사의 조사로 있으면서 평양 선교를 개척한 한국교회의 개척자이자, 1907년 9월 한국장로교 최초의 목사로 안수를 받은 7인 가운데 한 사람이었다. 고당은 어린 시절 한석진 목사의 맏아들 한민제와 같은 서당에 다니며 함께 글공부를 했다. 그래서 어려서부터 서양 사람 구경도 할 겸 평양 대동문 안 술막골에 있던 한 목사의 집을 자주 찾았다고 하는데, 그 인연이 이제 도쿄까지 이어진 셈이다. 젊은 시절 평양 종로거리에 상점을 내고 상인 노릇을 했던 고당과 마찬가지로, 한 목사 또한 마펫 선교사의 조사가 되기 전에는 의주에서 만주를 넘나들며 무역행상을 하던 상인이었다.

도쿄 조선기독교청년회관

도쿄에 최초로 한인교회가 설립된 뒤 고당은 교회의 영수로, 기독교청년회의 회장으로 바쁜 나날을 보내야 했다. 이때 고당과 막역하게 지내며 교회 일과 청년회 일을 함께 했던 이가 백남훈이었다. 백남훈은 황해도 은율 사람으로 이종형인 오순형의 권유로 기독교인이 된 뒤

이승만을 환영하는 도쿄 조선기독교청년 회원들

1909년 도쿄에 유학와 메이지학원 중학부에 다니고 있었다.

고당보다 세 살 연하였던 백남훈은 1910년대 도쿄의 조선인 유학생 사회를 대표하는 입지전적 인물이었다. 그는 1913년 28세의 늦은 나이에 고학으로 메이지학원을 졸업하고, 와세다대학早稻田大學 예과에 입학하여 이를 마치고는 다시 대학부 정치경제학과에 진학하여 1917년 7월 졸업을 하였다. 와세다대학에 재학하던 1915년 그는 재일본도쿄조선유학생학우회의 회장으로 유학생운동을 이끌었고, 졸업반이던 1917년부터는 김정식이 사임한 재일본도쿄조선기독교청년회의 간사를 맡아 기독교청년회의 살림살이를 도맡아 하였다. 1919년 2월 8일 도쿄유학생들이 기독교청년회관에서 독립선언식을 거행할 때도 그는 그 뒤에 있었다. 뿐만 아니라 이 사건으로 구속된 유학생들의 옥바라지까지 도맡아 하였다. 이후 그는 1920년 말 도쿄조선기독교청년회의 제2대 총무로 정식 선임되어 1923년 3월 귀국할 때까지 장장 14년간 도쿄에 머물며 유학생운동과 기독교청년회운동을 이끌었다.

한편 창립 이후 순탄한 발전을 거듭하던 도쿄 한인교회는 1911년에 접어들어 교파 문제라는 암초에 부딪혔다. 노정일, 김영섭을 비롯한 감리교인 출신 유학생 몇몇이 교회에 나왔다가 그것이 장로교단 소속이라는 사실을 알고 유학생감독부에서 따로 예배를 드리기 시작한 때문이었다. 이 소식에 접한 고당은 급히 가마쿠라 해변에서 여름방학을 보내고 있던 교회 집사 백남훈을 찾았다. 1911년 7월 초의 일이다. 고당의 편지를 받은 백남훈이 도쿄로 돌아오자 고당은 곧 교회 제직회를 소집하여 이 문제를 논의하였다. 이번에 도쿄에 있는 장로교인들과 감리교인들이 따로 예배를 보는 일이 벌어졌는데, 그것이 교파 문제 때문이라 해도 일본 사람들이 보기에는 우리가 분열된 듯한 인상을 주게 되니 통합시킬 필요가 있다는 것이었다.

그래서 감리교측 학생들과 이 문제를 논의한 결과 장·감연합교회를 설립하자는 절충안이 나왔다. 그들은 이 같은 합의사항을 본국의 장로회 독로회와 감리회 연회에 보고하여 두 교파에서 교대로 교역자를 파송해줄 것을 건의하였다. 그리고 그 건의가 받아들여짐으로써 한국교회

백남훈과 도쿄 조선기독교청년 회원들

사에 유례가 없는 재일본도쿄조선예수교연합교회라는 이름의 장·감연합교회가 역사적인 발족을 하기에 이르렀다. 나라까지 망한 마당에 이국 땅에서 교파 문제로 우리가 분열된 듯한 인상을 주어서는 안되겠다는 고당의 충정이 결실을 맺은 것이다.

본국의 장로회 독로회와 감리회 연회에서는 유학생들의 건의대로 1년씩 번갈아가며 시무할 목사를 파견하였다. 장·감연합교회가 성립한 1911년에는 기존 도쿄 한인교회의 목사인 장로회의 박종순 목사가 그대로 시무하고, 이듬해부터 장로회의 주공삼 목사, 감리회의 오기선 목사를 비롯한 두 교단 출신의 교역자들이 교대로 파송되었다. 이 가운데 주공삼 목사는 주요한(제2공화국 당시 상공부장관 역임)·주요섭 형제의 아버지였고, 오기선 목사는 오천석(미군정 문교부장, 제2공화국 문교부장관 역임)의 아버지였는데, 모두 한국 초대교회 발전의 공로자들이었다.

고향을 묻지 맙시다

도쿄에서 고당은 교파별로 나뉘어 따로 예배를 드리던 유학생들을 하나로 묶어 장·감연합교회를 출범시키는 한편으로 지방별로 나뉘어 따로 놀던 유학생사회를 하나로 통합하는 데도 많은 느력을 기울였다.

고당이 유학하던 1908년 무렵 도쿄에는 사비 유학생의 증가로 800명에 이르는 한국인 유학생이 있었다. 그리하여 일본 유학생계는 바야흐로 영웅준걸의 황금시대를 연출하였는데, 채기두·최린·고원훈·유승흠·이은우·이창환 등의 이른바 '28 영웅'과 최남선·홍명희·이광수 등의 '3 천재'가 난 것도 이때 일이었다. 유학생사희에 문장으로 이름을 날린 문일평·조용은(조소앙) 등도 이때 사람이었다.

유학생들은 태극학회·대한유학생회·대한학회·대한흥학회 같은 유학생단체를 조직하고 《태극학보》·《대한유학생회학보》·《대한학회월보》·《대한흥학보》 등의 잡지를 발간하며 을사조약 억지 체결 이후 국권 회복을 목표로 전개된 자강계몽운동의 일익을 담당하였다. 당시 유학생 잡지에는 생존경쟁의 국제사회에서 '보호국'의 처지로 전락한 대한제국이 살아남기 위해서는 무엇보다 실력이 필요하며 그 실력은 교육과 실업의 진흥을 통해서만 기를 수 있다는 주장에서, 실력양성에 앞서 애국

일본 유학생계의 영웅준걸들
왼쪽부터 문일평, 조용은(조소앙), 고원훈.

심의 고취가 무엇보다 필요하다는 주장에 이르기까지 다양한 국권회복 방안이 개진되었다.

어찌 보면 자연스러운 현상이라고 할 수 있지만 유학생들은 처음에 출신지방별로 친목모임을 가졌다. 낙동친목회(경상도 출신), 호남학계(전라도 출신), 한금청년회(경기·충청도 출신) 등은 그러한 모임이 발전해서 만들어진 단체들이었다. 그 밖에 공수학회라는 단체가 있었는데, 정부의 돈을 받아 유학한 관비유학생들의 관련 사무를 처리하기 위한 조직이었다.

그러한 가운데 친목회 형태를 탈피한 최초의 유학생단체로 태극학회가 1905년 9월 유학생 대상의 일본어강습소 개설을 계기로 성립하여 1906년 8월 학회지 《태극학보》를 창간하면서 본격적인 활동에 들어갔다. 태극학회는 학회지를 발간하고 토론회와 강연회 등을 개최하여 신지식 보급과 계몽에 앞장서면서 당시 유학생단체들 가운데 단연 두각을 나타냈다. 그러나 창립회원 48명 중 대부분이 황해·평안 양도 출신인 데서 알 수 있듯이, 그 또한 자못 완강한 관서 지방색을 띠고 있었다.

그래서 서북놈, 기호놈 하는 식의 망국적 상호반목과 지방할거주의가 유학생 사회에 만연하였다. 이에 문제를 느낀 유학생들은 1906년 9월 고지마치 구麴町區에 있는 대한유학생감독부(구 한국공사관)에 모여 유학생들의 대표기구라 할 수 있는 대한유학생회를 결성하고, 유학생단체의 통합을 모색하였다. 그러나 대한유학생회는 기존 유학생단체 조직은 그대로 유지한 채 제한된 범위에서 공동으로 강연회, 친목회 등을 개최하는 연합활동 조직에 불과했다. 최남선을 주필로 해서 1907년 3월 창간호를 펴낸 《대한유학생회학보》도 3개월에 걸쳐 세 차례 발행되는데 그쳤다.

이후 통합학회를 만들기 위한 유학생들의 노력은 1908년 대한학회의 창립으로 이어졌다. 대한학회는 편찬부·교육부·문공부·교제부·회계부 등의 부서를 두고, 기관지로 《대한학회월보》를 발간하는 외에, 국내에 한성회라는 별도의 후원모임을 두었다. 한성회에는 박은식·이상재·김규식·윤치호 등 국내 자강계몽운동의 명망가 다수가 발기인으로 참여하여, 유학생들의 활동을 국내의 자강계몽운동과 연결시키는 역할을 하였다. 그러나 일본유학생 최초의 통합단체라는 대한학회의 표방은 기존 유학생단체 가운데 회원수나 활동면에서 가장 유력한 단체였던 태극학회가 참여하지 않음으로 해서 빛이 바랠 수밖에 없었다. 서북놈, 기호놈 하며 출신지방을 따지는 지방의식 때문이었다.

고당이 유학 길에 오른 1908년 일본 도쿄의 한국인 유학생 사회는 이처럼 관서지방 출신이 주축을 이룬 태극학회와 기호지방 출신이 주축을 이룬 대한학회가 주도권을 놓고 팽팽한 각축을 벌이고 있었다. 1908년 9월 발행된 《태극학보》 제24호에 평양의 조만식 등이 이번 가을학기 유

《태극학보》 창간호

학을 위해 도쿄에 도착했다는 기사가 나오는 것으로 보아, 고당은 도쿄에 와서 처음에 동향사람이 많이 있었던 태극학회 쪽과 가깝게 지냈음을 알 수 있다. 그러나 회원으로서 적극적인 활동을 하지는 않았다.

무슨 까닭에서인지는 모르겠지만 고당은 1910년 메이지대학에 진학할 때까지 YMCA나 한인교회 같은 종교단체를 제외한 일반 유학생단체 활동과는 일정한 거리를 두었다. 그 사이 유학생단체들은 출신지방에 따른 오랜 반목과 갈등을 청산하고 1909년 1월 10일 대한유학생감독부에서 통합학회로 대한흥학회를 출범시켰다. 대한흥학회는 대한학회·태극학회·공수학회·연학회의 네개 학회가 통합하고, 여기에 가입해 있지 않던 일반 유학생들까지 참여시킴으로써 회원수 800명에 달하는 명실상부한 유학생총회를 이루었다. 이후 대한흥학회는 1910년 8월 일제의 한국 강제병합으로 해산당할 때까지 초창기 지연에 바탕한 분파활동을 극복하고 회원 상호간의 친목 부조뿐 아니라 국내 민족운동과도 관련을 갖는 민족운동 단체로서 활동을 벌여 나갔다.

그런데 고당이 일반 유학생 사회로까지 관심을 넓혔을 때는 이미 나라가 망하고 대한흥학회 또한 해산을 당한 다음이었다. 어쩌면 대한제국의 멸망이 고당으로 하여금 종교활동에서 벗어나 일반 사회활동으로 눈길을 돌리게 했는지도 모른다. 아무튼 고당은 망국과 더불어 해산당한 대한흥학회를 대신할 도쿄 유학생들의 대표기관을 만드는 데 관심을 기울이기 시작하였다.

　대한흥학회의 해산 이후 유학생들은 다시 출신지방별로 모여 1911년 초 삼남친목회, 황평친목회 같은 지방별 친목회를 만들었다. 이때 고당은 뒷날 동아일보 사장과 한국민주당 수석총무를 지낸 한국 정계의 거목 고하 송진우와 가까이 지냈다. 송진우는 전라도 담양 출신으로 고당보다 일곱 살 연하였다. 그는 1908년 평생지기인 인촌 김성수와 함께 도쿄로 유학와 세이소쿠영어학교에 몇 달 다닌 적이 있는데, 이때 고당과 첫 대면을 하였다. 그리고 1910년 와세다대학에 입학한 얼마 뒤 나라가 망하자 울분을 참지 못하고 귀국했다가, 1911년 다시 도일해 메이지대학 법과로 전입학하면서 고당과 동문수학하는 사이가 되었다.

　고당과 송진우는 같은 대학에 다니며 나이와 출신지역을 뛰어넘어 절친한 벗이 되었다. 고당은 평소 송진우에게 "고향을 묻지 말자"는 말을 자주 했다고 한다. 유학생들이 출신지방에 따라 따로 모이며 서로 반목하는 데 대한 우려의 표시이자, 출신지방을 뛰어넘어 유학생 사회의 인화 단결을 이루자는 의지의 표현이었다. 이렇게 해서 이루어진 평안도 출신 고당과 전라도 출신 송진우 두 사람의 의기투합은 조선유학생친목회의 결성으로 이어졌다. 장로교파와 감리교파의 유학생들을 하나로 묶어 한국교회사상 유례가 없는 연합교회를 이끌어낸 데 이은 또 하나의

안재홍(앞줄 맨오른쪽)과 도쿄의 유학생 학우들

쾌거였다. 그러나 고당과 송진우, 그리고 경기도 출신 안재홍 등의 노력으로 도쿄의 유학생들을 하나로 묶어 어렵사리 출범한 조선유학생친목회는 1912년 봄 일제의 탄압으로 창립한 지 몇 달 되지 않아 강제로 해산을 당하였다.

일제의 탄압으로 정상적인 유학생총회를 구성하기가 어렵게 되자, 유학생들은 이후 철북친목회(함경도 출신), 패서구락부(평안도), 해서친목회(황해도), 동서구락부(강원도), 삼한구락부(경기·충청도), 낙동친목회(경상도), 호남다화회(전라도) 등의 출신지방별 7개 단체를 구성하였다. 그리고 이들 각 지방 친목회의 대표자 협의체라는 명목으로 1913년 가을 재일본도쿄조선유학생학우회를 발족시켰다. 일제의 제재를 피하기 위한 편법이었다. 이렇게 해서 고당을 비롯한 뜻있는 유학생 지도자들의 2년여에 걸친 노력은 결실을 맺었다. 비록 고당은 1913년 3월 메이지대학 전문부 법학과를 졸업하고 귀국한 뒤였지만, "고향을 묻지 맙시다"라는 고당의 평소 외침이 소망하던 유학생총회의 결성으로 메아리친 순간이었다.

저 낮은 곳을 향하여

세상을 맑힐 샘물 한 줄기 오산학교

1913년 3월 고당은 31세의 늦은 나이에 메이지대학 전문부 법학과를 졸업하고 고국으로 돌아왔다. 평양의 정든 가족 품으로 돌아와 보니 1910년 고당이 메이지대학 전문부에 진학할 때 낳은 큰딸 선부가 재롱을 부리고 있었다. 그러나 고당은 가족들과 묵은 회포를 풀 새도 없이 그해 4월 반도 서북쪽 한 귀퉁이에 위치한 오산학교의 교사로 부임하였다. 낮은 데로 나아가 청산맹호 식의 평민정신과 자립자존의 민족정신과 참과 사랑의 기독정신을 가르치는 민중의 교사로서 공적인 삶을 시작한 것이다.

고당이 공적인 삶의 첫발을 내딛은 오산학교는 1907년 12월 24일 남강 이승훈이 평안북도 정주군 갈산면 익성동의 경의재 또는 승천재라 불리던 옛 건물을 수리하여 김도태, 이윤영 등 일곱 명의 학생으로 시작한 학교였다.

설립자 남강은 1864년 평안북도 정주에서 태어나 일찍이 아버지를 여의고 불우한 어린 시절을 보냈다. 그는 유기점 사환에서 유기 행상을 거쳐 정주 납청정에서 내로라하는 유기공장과 상점을 경영하는 기업가로, 평양과 서울 인천을 오가며 무역업을 하는 대상인으로 이름을 날린 입지전적 인물이었다.

오산학교의 설립자 남강 이승훈

근면과 성실로 신용을 쌓아 자수성가한 남강은 한때 상놈의 설움을 씻는다며 돈으로 수릉 참봉의 벼슬을 사고, 오산 용동에 친척들을 모아 동족촌락을 꾸몄다. 그리고 자기 집에 글방을 차리고 훈장을 데려다 자제들에게 경서를 가르치면서 서투른 양반놀음을 하였다. 그 뒤 러일전쟁이 일어나자 남강은 군수품으로 전쟁 때 시세가 좋은 소가죽을 대량으로 사 가지고 만주땅 영구로 갔다. 그러나 전쟁이 일찍 끝나는 바람에 실패를 보고 재산만 크게 탕진하고 말았다.

장사해서 모은 돈으로 서투른 양반놀음에 몰두하던 남강이 대오각성해 민족을 일으키는 길로 나서게 된 것은 도산 안창호와의 만남을 통해서였다. 헤이그 밀사사건으로 시국이 뒤숭숭하던 1907년 7월 남강은 평양에 나갔다가 모란봉 밑에서 도산의 연설을 듣게 되었다. "나라가 없고서 일가와 일신이 있을 수 없고 민족이 천대받을 때에 나 혼자만 영광

평안북도 정주읍 영정거리

을 누릴 수가 없소"라는 도산의 열변에 그 때까지 집안을 일으켜 양반처럼 살아보는 것을 인생의 목표로 삼았던 남강은 커다란 충격을 받았다. 그리하여 곧바로 상투를 자르고 새 사람이 되었다. 도산의 권유로 비밀결사 신민회에 가입하는 한편, 고향 용동으로 돌아와 자신의 집에 마련한 서당을 신식학교로 바꾸어 강명의숙이란 간판을 내걸었다. 그리고 평안북도 관찰사 박승봉의 도움을 받아 정주 향교 재산의 일부를 기부받고 사재를 털어 용동 근처의 오산 경의재 자리에 중학교를 설립하였는데, 그것이 바로 오산학교였다.

'세상을 맑힐 샘물 한 줄기' 오산학교는 도산이 신민회 외곽단체로 평양에 설립한 대성학교와 마찬가지로 민족운동의 인재양성과 국민교육의 사부 양성을 교육목표로 하는 민족사학이었다. 초대 교장으로 정주의 유림대표인 백이행을 모셨지만 실제 학교의 운영은 남강이 맡아서 했다. 교사로는 여준이 수신과 역사를 가르쳤고, 서진순이 체조와 훈련을 가르쳤다. 박기선은 한문을 가르치며 학교의 안살림을 맡았다. 여준은 경기도 용인 사람으로 신구학문에 두루 밝아 학생들의 존경을 받았다. 그는 남강과 같은 신민회의 회원으로 오산에 부임하기에 앞서 이상설·이동녕 등과 함께 북간도 용정에 서전서숙을 설립하고 한인동포 자제들을 가르친 바 있었다. 학생수는 80명 정도였는데, 매일 아침 운동장에 모여 애국가를 제창하고 민족의식을 고취하는 훈화를 듣는 것으로 하루 일과를 시작했다. 1910년에는 이광수와 유영모 같은 젊은 인재들이 교사로 부임하였고, 그해 7월에는 제1회 졸업생을 배출하였다.

그러나 곧 나라가 망하고 비밀결사 신민회의 사업체인 평양 마산동자기회사의 사장으로, 신민회 평안북도 총감으로 활약하던 남강이 1911년 2월 '안명근사건'과 뒤이어 터진 '105인사건'으로 구속되어 옥고를 치르면서 오산학교는 마치 젖 먹던 어린아이가 어머니를 잃은 것처럼 주인 없는 쓸쓸한 집이 되고 말았다. 그에 앞서 남강은 평안북도 선천에서 선교하던 미국인 선교사 나부열Stacy L. Robert을 교장으로 맞아 오산학교를 기독교학교로 바꾸었다.

오산에 기독교의 씨를 뿌린 것은 과학선생으로 부임한 유영모였다. 그는 서울 종로에서 커다란 피혁상을 하던 아버지 유명근과 역시 무역상으로 이름을 날리던 남강과의 오랜 교분이 인연이 되어 경신학교를 마치고 오산학교에 부임하였다. 오산에 온 유영모는 수업 첫 시간부터 수업에 앞서 성경을 가르치고 학생들에게 머리숙여 기도하자고 하였다. 처음에 어리둥절하여 눈치만 살피던 학생들이 점차 따라 기도를 하고 성경을 배우면서 행동이 달라지는 것을 눈여겨본 남강은 기독교에 호기심을 가지게 되었고 드디어는 신앙으로 받아들이기에 이르렀다. 이로부터 남강은 학교에 교회를 두고 기독교정신으로 학생을 가르쳤다. 그런데 그것은 교회를 방패막이 삼아 다가올 일제의 탄압을 피해보려는 일종의 예방 조치이기도 하였다.

하지만 교주 남강이 일제 관헌에 구속되고, 학생들의 존경을 한 몸에 받던 여준마저 신민회 동지들을 따라 서간도 독립군기지 개척을 위해 만주로 떠난데다, 재정난까지 겹치면서 오산학교는 학교를 유지하기조차 어려운 지경에 빠졌다. 이때 위기에 처한 오산을 건지러 온 이가 바로 고당이었다. 고당은 오산학교 교사로 있다가 1912년 9월 무렵 유학차 도쿄로 건너온 유영모를 통해 남강과 오산학교의 소식을 들었다. 그리고 귀국하여 옥중에 있던 남강의 간청으로 위기에 빠진 오산학교를 몇 달 보아주기로 한 것이 도합 세 차례 9년 동안의 값진 인연을 맺게 되었다.

오산학교에서의 본보기 교육

1913년 4월 고당이 교사로 부임하였을 때 오산학교는 춘원 이광수와 박기선을 비롯한 몇몇 사람들이 힘겹게 학교를 유지하고 있었다. 그런데

화재가 나기 전 오산학교 제1교사

나이로는 9년 연하지만 교사 경력으로는 3년 선배인 이광수마저 교회와의 갈등으로 고당이 부임하던 해 11월 시베리아로 떠나고 보니 위기에 빠진 학교를 수습할 책무는 온통 고당의 몫이 되고 말았다. 고당은 봉급도 마다하고 학교 설립 때부터 남강의 측근으로 온갖 실무를 맡아보았던 박기선 교장을 도와 학교 부흥의 기틀을 다졌다. 정규 과목으로 법제 경제와 세계지리를 가르치는 외에 성경과 영어를 지도하고 기숙사 사감 일까지 도맡아 하였다. 그리고 1915년 3월 남강이 가출옥한 뒤 오산학교의 제5대 교장에 부임하여 높은 지조와 예언자다운 인격으로 학교를 반석 위에 올려놓았다.

당시 오산학교의 교사는 경의재의 본채를 교실로 사용하였고 동쪽과 서쪽에 각각 두 줄로 기숙사가 있었다. 안쪽 건물은 경의재에 딸린 건물이고, 그 바깥쪽에 한 줄씩 지은 건물은 남강이 학교를 설립하며 지은 것이었다. 경의재 뒤편에는 교회가 있었고, 기숙사에서 나와 층계를 내려가면 운동장이 있었다. 운동장 앞에는 포풀라나무가 줄을 지어 섰고 그 앞으로는 시냇물이 흘렀다. 교정에는 동그랗게 흙을 쌓아올린 '단심강丹心岡'이란 단이 있었는데 조회 때 훈화를 하는 곳이었다. 1917년 11월에는 남강이 출옥한 뒤 짓기 시작한 반양식 71평짜리 새 교사가 경의재 동남쪽에 건립되었다.

고당은 교장이 된 뒤에도 가족을 평양에 둔 채 혼자 학교 기숙사에서 학생들과 침식과 기거를 같이 하였다. 교사로 부임한 지 1년 뒤인 1914년 아들 연명을 낳고, 교장에 부임한 이듬해인 1916년 둘째 딸 선희를 보았지만, 방학 때 잠깐씩 평양 집에 머무는 것이 고작이었다. 오산에서 고당의 생활은 교장과 사감, 그리고 교목까지 겸한 주야근무의 계속이었다.

아침 6시 기상 종이 울리면 일어나 학생들과 함께 운동장에 나가 체조를 하고 뒷산을 한 바퀴 뛰어 돌아왔다. 그리고 기숙사 방 청소와 정리정돈을 하고 아침식사를 마친 뒤 기도회를 인도하였다. 아침 8시 반부터 오후 4시까지 하루 수업이 끝나면 학생들은 기숙사에서 저녁식사를 하고 쉬다가 복습을 하였다. 기숙사 방에는 1~4학년 한 명씩 모두 네 명을 수용하여 선배가 후배의 학습을 지도하도록 했다. 이때 고당은 기숙사 방을 돌며 문밖으로 조용히 학생들의 공부하는 형편을 살폈고, 밤

1915년 무렵의 오산학교 전경

10시가 되면 뜰에 나와 단심강 주변을 돌며 학생들과 함께 교가와 애국애족의 노래를 부르고 잠자리에 들었다.

가을이 되어 겨울 난방에 쓸 땔감을 마련하기 위해 근처 제석산에 나무하러 갈 때도 고당은 학생들과 동행하여 같이 일을 했다. 겨울에 눈이 내릴 때면 아침 일찍 교정에 나가 학생들이 다닐 길을 내고 운동장의 눈을 쓸었다. 고당은 학교 청소를 비롯한 건물이나 시설 보수공사도 학생들로 하여금 작업반을 짜서 자치적으로 하도록 하고 손수 본을 보였다. 경비절감도 절감이었지만 근로봉사를 통해 근로정신과 애교심을 기르고 단체훈련을 시키려는 지행합일의 교육방침에서였다. 전교생을 망라

오산학교 제2회 졸업식

한 동창회를 조직케 하여 회장을 비롯한 지육부, 권사부, 체육부의 임원을 학생들의 직접 선거에 의해 선출토록 한 것도 학생들에게 단체훈련을 시키고 스스로의 일을 스스로 자치할 줄 아는 능력을 키우려는 깊은 배려에서였다.

뿐만 아니라 고당은 학생들의 술·담배를 절대 금지하고, 건강과 청결을 위해 공동목욕탕을 설치하여 일주일에 한 번씩 목욕을 시켰다. 아침에 일어나서는 치약 대신에 소금으로 양치하였고 세수할 때는 비누 대신 팥가루를 사용하였다. 도쿄 유학시절에는 외출할 때 학생복을 입고 집에서는 무명 일본옷을 입었다고 하니, 까까머리에 갓을 쓰고 수목 두루마기에 갖신을 신은 것도 이때부터였다.

이렇게 고당은 솔선수범을 통해 학생들에게 검소한 기풍과 생활의 규율을 가르쳤다. 그런데 말보다 실천으로 몸소 본을 보이는 것은 학교 설립자 남강이 세워놓은 오산의 전통이기도 했다. 남강은 학교에 사환을 따로 두지 않고 변소치는 일에서 밤에 기숙사 군불때는 일까지 학생들과 함께하는 솔선수범을 통해 학생들에게 근면과 신의, 열과 성, 그리고 일상생활의 도리를 가르쳤다. 그가 학생들에게 지적하는 것은 왜 걸음걸이가 그 모양이냐, 왜 목소리에 힘이 없느냐, 큰일을 할 학생들이 어째 그렇게 기상이 늠름하지 못하냐 하는 지극히 일상적인 것이었다. 일상에서의 실행과 모범의 위력을 중시하는 독특한 학풍이라 할 수 있었다. 가르치면서 배웠다고 할까, 고당은 그러한 분위기 속에서 의복에서 일용품에 이르기까지 토산품을 사용하고 몸소 생활개신을 실천궁행함으로써 뒤에 물산장려운동의 상징으로 부각될 수 있었다.

제자들의 눈에 비친 오산시절의 고당

오산시절 제자들의 눈에 비친 고당은 온우하면서도 엄격한 선생님이었다. 초창기에 오산학교를 다니며 고당의 남다른 총애를 받았던 김항복의 회고담이다.

> 내가 오산학교에 입학했을 때는 조만식 선생님이 잠깐 평교사로 있다가 교장으로 승진될 그 무렵인데, 그때 지리와 역사를 가르쳤고, 어떤 때는 영어도 가르쳤댔죠. 영어 배우던 기억이 나는데,《내셔널 리더 National

Reader》를 교본으로 썼죠. 영어 발음도 좋았습니다.

중등교육이지만 그 시절엔 전문적인 교육이라기보다 각 방면에 걸쳐 가르친 종합적인 교육이었댔어요. 교풍도 엄하고, 누구든지 토산품을 애용해야 한다는 결심을 하게 됐지요. 다 조선생님의 힘입니다. 교장선생님으로 학교의 기틀이 좀 잡히게 되자 수신과목을 전담했죠. 조 교장은 말로 수신을 가르치지 않았습니다. 행동으로 가르쳤지요. 실천으로 학생들의 표본이 되어 큰 존경을 받았지요. 어떤 때는 엄격한 명령도 내리고 시간 엄수를 강조했어요. 시간엄수를 못하면 그 질책이 대단했습니다. 학생들에게 의리와 신뢰를 무언의 감화로 일깨웠습니다. 조 교장의 교육은 참으로 엄격 위주였지만, 그 바탕은 진실과 사랑이었다고 봅니다.

학교 규율을 엄격히 했다고 해서 고당이 그것을 억지로 강제한 것은 아니었다. 고당은 몸소 본을 보이며 학생들 스스로 따라 오도록 했는데, 고당의 위엄은 그러한 데서 빛을 발했다.

어느 해인가 가을 운동회 때의 일이다. 오산학교는 매년 봄·가을에 정기 대운동회를 열어 청군·홍군 대항전을 벌였다. 그런데 이해 가을 운동회 릴레이경기에서 청군이 승리하게 되자, 홍군에서 심판이 잘못되었다고 항의하는 사건이 벌어졌다. 홍군 측 주장에 따르면 청군의 한 학생이 릴레이 경기 도중 바통을 떨어뜨렸는데, 그것을 청군에 속한 한 선생이 집어 다른 학생에게 주었다는 것이다.

흥분한 홍군 학생들의 항의로 무슨 소동이라도 일어날 것 같은 험악한 분위기가 연출되었을 때 고당은 "모든 경기는 심판의 결정에 따라야 한다. 학교에서는 이 심판을 옳은 것으로 결정했으니 더 이상 왈가왈부하지 마라"는 간단한 훈시를 내렸다. 결과에 승복할 줄 아는 스포츠맨십을 강조한 이 한 마디로 장내는 조용해졌고, 운동회는 속개되었다. 평소 고당이 학생들에게 어느 정도의 위엄과 권위를 가지고 있었나를 잘 보여주는 일화라 하겠다. 뒤에 평양YMCA 총무, 신간회 평양지회 회장으로 있을 때도 고당은 그 같은 권위를 바탕으로 평양 조선인사회의 계급적, 이념적 갈등을 조정하며 지역사회의 인화단결을 이루어 나갔다.

고당은 학생들 가슴에 나라와 겨레사랑의 마음을 심어주는 데도 많은 정성을 기울였다. 지리 수업시간에 고당은 커다란 한국지도를 칠판에 걸어놓고 백두산에서 한라산까지를 가리키며 "우리나라 삼천리 강산은 참으로 수려한 금수강산이다. 삼면을 둘러싼 바다에는 온갖 어족이 우글대고, 내륙에서는 오곡백과가 철따라 무르익으며, 금·은·동·철·석탄 같은 온갖 지하자원이 풍부한 보고요 살기좋은 나라인데, 이것을 몽땅 일본에게 빼앗겼으니 이런 원통한 일이 또 어디있겠는가! 빼앗긴 나라를 도로 찾아야 한다. 우리 힘으로 도로 찾아야 한다. 반드시 도로 찾게 될 것이다"는 말을 잊지 않았다고 한다.

지극히 평범한 데서 솔선수범을 통해 학생들에게 교육적 감화를 주었던 고당의 면모는 오산 시절 고당 옆방에서 기숙사 생활을 했다는 홍어길의 다음과 같은 회고에도 잘 나타나 있다.

기숙사 생활에 솔선수범하여 교풍을 수립한 고당 선생은 매일같이 아침 기도를 보셨습니다. 윤번으로 교사들이 할 때인데, 빠지는 선생이 있으면

고당이 오산에서 길러낸 제자들
왼쪽부터 김소월, 백인제, 김홍일

언제나 조 교장선생님이 대신했습니다. 학생들에게 경제나 지리 같은 과목을 가르치는 시간도 재미있었지만, 수신 시간과 기도 시간은 참 재미있고 감명깊었습니다. 교장이 인도하는 기도 시간은 참 별난 데가 있었습니다. 그렇게 높은 어조도 아니고 보통 쓰는 평범한 말로 설교를 하는데, 배우는 사람들의 머릿속에 쏙 들어오게 하더군요. 어렵지 않게 알아듣기 쉬운 말로 인격적인 감화를 준 그분은 그저 온유하면서도 엄격한 교장이었습니다.

이렇게 오산 시절 고당은 교장으로, 교사로, 교목으로, 사감으로, 사환으로 1인 5역을 담당하며 민족을 이끌어나갈 '위대한 평민'을 키우는 데 온힘을 기울였다. 그 결과 고당이 부임한 지 몇 해 되지 않아 오산학교는 놀랍게 변모되어 갔다. 특히 남강 이승훈과 고당 조만식이 함께 학교에 있으며 앞에서 끌고 뒤에서 밀었던 1915년부터 1919년 초에 이르는 4년 동안은 오산학교 교육의 황금시대였다. 교직원과 졸업생은 단결을 찾았고, 학생들 사이에는 검소의 기풍이 자리를 잡았다. 학교와 교회에는 새로운 신앙이 불타올랐고, 민족의식이 싹트기 시작하였다. 백인제·주기용·주기철·김항복·김홍일·한경직·김소월 등 전도유망한 많은 인재들이 배출된 것도 이 기간을 통해서였다.

독립선언 전야

3·1운동 직전인 1919년 2월 고당은 교사로, 교장으로 만 6년간 봉직하였던 오산학교를 사직하였다. 평안도 일대를 거점으로 기독교계의 3·1운동 거사 준비를 총지휘하던 남강 이승훈과의 묵계하에 독립선언 후 상하이로 망명하여 독립운동을 전개할 계획이었다.

   3·1운동을 앞두고 오산학교는 은밀히 찾아오는 외지 사람들의 발길로 부산했다. 1919년 새해를 맞아 도쿄에서 유학 중이던 오산학교 졸업생 서춘이 남강을 찾아왔다. 그는 스승인 남강에게 제1차 세계대전 종전에 따라 소집된 파리강화회의 개최를 둘러싼 국제정세와 도쿄 유학생의 동정을 알렸다. 그 무렵 파리강화회의에 김규식을 대표로 파견하기로 결정한 상하이 신한청년당의 선우혁 또한 은밀히 국내로 잠입하여 평안도 기독교계의 지도자인 남강을 찾았다. 그리고 2월 초순에는 오산학교 제1회 졸업생 김도태가 오산학교 일로 상의할 일이 있으니 급히 상경하기 바란다는 최남선의 편지를 가지고 서울에서 남강을 찾아왔다.

   최남선의 편지를 받은 남강은 2월 11일 상경하여 계동 김성수의 거

신한청년당의 선우혁

처에서 정주 출신인 현상윤의 소개로 송진우와 만났다. 송진우가 천도교 측에서 기독교 측과 함께 독립운동을 전개하기를 원한다는 의사를 전달하자, 남강은 쾌히 승낙하고 그 길로 남대문 밖 세브란스병원으로 갔다. 거기서 남대문밖교회 조사 함태영과 병원 제약주임 이갑성을 만난 남강은 그들에게 송진우와의 교섭 전말을 들려주고 참여의사를 확인한 뒤, 기독교계의 세력 규합을 위해 장로회 평북노회와 도사경회가 열리고 있던 선천으로 직행하였다.

2월 12일 선천에 도착한 남강은 평북노회 참석을 위해 함께 유숙하던 정주교회 목사 김병조와 같은 교회 장로 이명룡에게 서울에서 진행 중인 독립운동의 전말을 전하고 참여를 내락받았다. 그리고 선천의 가장 유력한 인물인 북교회 목사 양전백을 찾아가 서울에서 진행된 사실을 보고하고 동참의사를 확인하였다. 남강을 비롯해 양전백·김병조·이명룡·백시찬(선천 북교회 장로)·홍성익(북교회 장로)·유여대(의주읍 동교회 목사) 등 평안북도 장로교계 지도자들은 2월 13일 저녁 선천 양전백 목사의 집에서 모임을 가졌다 천도교 측과 함께 독립운동을 전개하는 데 의견의 일치를 본 그들은, 양전백·김병조·이명룡·유여대를 독립청원 대표자로 정하였다.

이어 평양에 도착한 남강은 비밀보장을 위해 병을 칭탁하고 평양기독병원의 전신인 기흘병원에 입원하여 평소 친분이 있었던 손정도 목사와 만났다. 손정도는 고당과 숭실학교 동창이었는데, 그의 소개로 2월 15일 기흘병원에서 남강과 남산현교회(감리교) 목사 신홍식, 장대현교회(장로교) 목사 길선주, 그리고 안세환(태극서관 총무)이 모임을 가졌다. 이 자리에서 길선주 목사는 선우혁이 평양에 다녀간 뒤로 기독교학교를 중심으로 독립운동이 추진되고 있음을 보고하였다.

고당과 숭실학교 동문인
독립운동가 손정도 목사

평안도 일대 기독교계의 세를 규합한 남강은 신홍식 목사와 함께 2월 16일 밤차로 상경하여 이튿날 송진우와 두 번째 만남을 가졌다. 그런데 송진우가 운동 일선에서 한 발을 빼고 최남선과의 면회도 쉽지 않아 천도교 측의 준비 상황에 더해 알 길이 없게 된 남강은 한때 기독교계 단독의 거사를 생각하였다. 남강은 2월 20일 밤 서대문 협성학교에 있는 박희도의 집에서 오화영·정춘수·오기선·신홍식·박희도 등 감리교회 지도자들과 만나 기독교계 단독으로 거사를 하는 데 의견의 일치를 보았다. 이 모임에서 오화영은 개성과 춘천 방면, 정춘수는 원산 방면, 그 밖의 사람들은 서울에서 동지를 규합하기로 하고, 박희도·오화영 두 사람에게 독립청원서 및 프고문과 통고문의 기초

길선주 목사(가운데)와 장대현교회 선교사와 교인

를 맡겼다. 그리고 이튿날 오전 남강은 남대문밖교회로 함태영 조사를 찾아가 전날 회의 내용을 말하고 서울 일대 장로교 측의 동지규합 방안을 논의하였다.

이렇게 기독교계 단독의 독립운동 거사가 모색되던 2월 21일 오후 남강의 숙소를 찾은 최남선이 천도교 측 대표 최린과의 만남을 주선하면서 상황은 다시 급반전하였다. 그날 밤 남대문 밖 세브란스병원 구내 이갑성의 집에서 다음날 오전 2시 무렵까지 장로회 측에서 이승훈·함태영·이갑성·안세환·김세환·김필수·오상근이, 감리회 측에서 박희도·오화영·신홍식· 오기선·현순이 참석한 가운데 장로회·감리회 양 교단

3·1만세시위(덕수궁 앞)

지도자 연석회의가 열렸다. 이 자리에서 남강을 비롯한 참석자들은 천도교 측과의 합작을 다시 결정하고, 천도교 측과의 교섭위원으로 남강과 함태영을 선정하였다.

남강과 함태영은 천도교 측의 최린과 독립운동의 일원화 문제를 협의한 뒤, 2월 23일 남대문밖교회 함태영의 집에서 재차 연석회의를 소집하였다. 이승훈·함태영·안세환·박희도·오화영·오기선 등 이 자리에 모인 기독교계 대표들은 독립운동 방식은 천도교 측 주장대로 독립청원이 아닌 독립선언으로 하기로 결정하였다. 그러자 오기선은 독립선언 방식에 반대하고 모임에서 탈퇴하였다.

이어 남강과 함태영은 2월 24일 최린과 함께 송현동 천도교 중앙총부를 방문하여 손병희와 회담을 갖고 독립운동의 일원화 문제를 확정지었다. 그리고 독립선언서와 청원서의 초안작성 및 출판에 관한 책임은 천

저 낮은 곳을 향하여 61

도교 측이, 선언서의 배포 발송은 천도교 측과 기독교 측이, 일본정부와 귀족원·중의원 양원에 청원서를 제출하는 것은 천도교 측이, 일본 위정자들과 담판할 교섭사의 파견과 미국 대통령 및 강화회의 대표에게 탄원서를 전달하는 일은 기독교 측이 각각 담당하기로 역할을 분담하였다. 독립선언서에 서명할 민족대표는 천도교 측과 기독교 측에서 각기 십수 명씩 선정하고, 불교계에도 참가를 요청하여 연명하기로 하였다.

이튿날인 2월 25일에는 천도교 측의 최린과 기독교 측의 함태영이 실무회담을 갖고 3월 1일 오후 2시 파고다공원에서 독립선언식을 거행하기로 결정하였다. 이어 최린이 계동 유심사 사옥으로 한용운을 찾아가 불교계의 참여를 내락받음으로써 천도교계와 기독교계, 불교계로 이루어진 민족대표 33인의 밑그림을 완성하였다.

이와 같이 거족적인 독립운동으로서 3·1운동은 기독교 측의 이승훈과 천도교 측의 최린을 양대 축으로 하여 추진되었다. 따라서 남강 이승훈이 교주로 있던 오산학교 또한 그 태풍의 영향권에서 자유로울 수는 없었다. 비록 남강이 자신이 설립하고 신명을 바쳐 가꿔온 오산학교를 독립운동 거사 과정에 직접 개입시키지 않았다 해도, 그의 그러한 움직임을 누구보다 먼저 감지한 것은 오산학교의 식구들이었다. 고당이 오산학교 교장 자리에서 물러난 것은 그에 대한 대응으로 3·1운동 이후를 겨냥한 포석이라 할 수 있었다.

해외 망명의 실패

거족적인 독립운동에 앞서 오산학교 교장직을 사직한 고당은 고향인 평양에서 3·1운동을 맞았다. 3월 1일 오후 2시 서울에서는 당초 예정했던 파고다공원이 아닌 인사동에 있는 요리점 태화관에서 민족대표 33인 가운데 29인이 참석한 가운데 독립선언식이 거행되었다. 거사 전날 저녁 가회동 손병희의 집에서 가진 상견례 자리에서 만일의 사태를 우려한 민족대표들이 장소를 파고다공원에서 태화관으로 옮긴 때문이었다. 한편 당초 예정했던 파고다공원에서도 학생과 시민들이 운집한 가운데 독자적인 독립선언식을 거행하고 만세시위에 돌입하였다.

같은 시각 평양에서도 만세시위운동이 일어났다. 이날을 맞아 평양의 기독교계와 천도교계 지도자들은 1919년 1월 승하한 고종황제의 추도식을 갖는다는 명목으로 사람들을 모았다. 추도식은 장대현교회(장로교회) 옆 숭덕학교 교정과 남산현교회(감리교회) 뜰, 그리고 설암리 천도교회에서 각각 열렸다. 추도식을 마친 뒤 그 자리에서 곧바로 독립선언식이 거행되었다. 장대현 집회에서는 숭덕학교 교감 윤원삼의 발의로 김선두 목사가 기도를 하고 정일선 목사가 독립선언서를 낭독한 데 이어 강규찬 목사의 연설이 있었다. 그리고 미리 준비한 수천 장의 독립선언서와 태극기가 군중에게 배포되었다. 남산현 집회에서는 김찬웅 목사의 사회로 주기원 목사가 선언문을 낭독하고 박석훈 목사가 연설하였다.

독립선언식을 마친 뒤 군중은 태극기를 손에 들고 대한독립만세를 외치며 평양거리를 누볐다. 장대현에 모인 3천 명의 군중은 관후리 골목을

고종황제 추도식이 열린 장대현교회

지나 종로 거리를 거쳐 남대문경찰서 광장으로 행진하였고, 남산현에 모인 2천 명의 군중은 영창여관 골목을 통과해서 남대문경찰서 앞을 지나 일본인들이 사는 신시가를 거쳐 평양역 광장으로 몰려갔다. 만세 소리에 거리의 상인들이 상점 문을 닫고 시위행렬에 뛰어들었고, 여인네들도 그 뒤를 따랐다. 남녀노소와 신분 계층을 뛰어넘어 모두가 하나 되는 순간이었다.

총검을 앞세운 일본 관헌의 탄압에도 시위는 시내 각처에서 그날 밤까지 그칠 줄 몰랐다. 특히 학생시위는 새 학기를 맞는 4월까지 계속되었고, 상인들의 철시투쟁도 1주일 이상 계속되었다. 숭실대학생 이보식과 숭실중학의 이겸호·이인선·이양식 등은 비밀리에 등사판《독립신

평양역 광장

문》을 인쇄 배포하며 독립운동의 불씨를 지펴나갔다. 독립만세의 불길은 평안도 각지로 퍼져나가, 고당의 원적지인 강서군 모락장에서는 일본 헌병의 무차별 발포로 유혈봉기의 끔찍한 참극까지 빚어졌다.

2월 27일 정주에서 평양으로 나온 고당이 3·1운동 후 일본 관헌의 검거 선풍을 피해 도인권과 함께 상하이 망명길에 나선 것은 3월 4일 무렵이었다. 동행한 도인권은 평안남도 용강 출신으로 대한제국 시기에 육군 정교(오늘날의 준위격)를 지낸 인물이었다. 그는 구한국 군대가 해산된 뒤 황해도 안악 등지에서 교육구국운동에 종사하다 1911년 안명근사건에 연루되어 10년형을 선고받고 6년간 옥고를 치렀다. 그리고 출옥하

평양 헌병대

여 평양 사창동에서 과일가게를 하며 지냈는데, 3월 1일 장대현 집회에 참여하여 활약한 뒤 고당과 함께 해외 망명길에 나선 것이다.

고당과 도인권은 걸어서 평양에서 80리 거리에 있는 강동군 열패라는 곳에 이르러 하룻밤을 유숙하였다. 그런데 평양 방면에서 낯선 행색의 손님이 여인숙에 투숙한 것을 본 헌병보조원 출신의 끄나풀이 그곳 헌병분견대에 신고를 함으로써 고당의 망명계획은 수포로 돌아가고 말았다. 사전에 낌새를 채고 피신한 도인권은 평양에 돌아와 은신하다 그해 7월 마침내 상하이로 망명하는 데 성공하였지만, 이때 체포되어 평양 헌병본대로 압송된 고당은 이듬해 1월 가출옥할 때까지 10개월간 평양 형무소에서 옥고를 치러야 했다.

폐허 속의 오산으로

1920년 1월 38세의 나이에 가출옥으로 평양 서성리감옥을 나선 고당은 감옥에서 얻은 피부병을 치료하기 위해 얼마간을 용강온천에서 보냈다. 고당이 옥에 있는 사이 외아들의 옥바라지를 하던 아버지는 장대현교회에 출석하는 기독교 신자가 되어 있었다. 고당의 옥살이를 계기로 온 가족이 기독교를 받아들이게 된 것이다.

평양에서 고당은 그곳의 기독교계·실업계·교육계 인사들과 함께 1920년 7월 조선물산장려회를 발기하였다. '돌아온 탕자' 고당이 평양 지역사회에 드디어 명함을 내미는 순간이었다. 그러나 조선물산장려회는 이를 일본인 상점에 대한 조선인의 불매동맹, 일화배척운동으로 규정한 일제 당국의 탄압과 일본인 상인들의 방해로 결실을 보지 못하고, 8월 23일 개최할 예정이었던 창립총회는 무산되었다.

이 무렵 고당은 서울로 올라가 서대문형무소에 수감 중인 남강 이승훈을 면회하고 다시 오산학교로 부임하였다. 그의 두 어깨에는 오산학교 재건의 중책이 지워졌다. 3·1운동으로 학교가 문을 닫은 때문이었다. 서울과 평양에서 독립선언식이 거행된 직후 오산학교 학생들은 민족대표로 독립을 선언한 남강의 뜻을 기리며 학교에서 고읍역까지 격렬한 독립만세 시위를 전개하였다. 이때 일본 관헌이 출동하여 학교에 불을 지르는 만행을 저질렀다. 학교는 온통 잿더미로 변했고, 수많은 학교 관계자와 학생들이 구속되는 수난이 뒤따랐다. 오산학교는 민족주의자들의 소굴이니 다시는 문을 열지 못하도록 해야 한다는 게 당시 일제 당국자들의 판단이었다.

남강 이승훈이 세우고 고당 조만식이 기틀을 다진 민족운동의 근거지 오산학교가 이처럼 위기에 빠지자, 고당은 7년 전 처음 부임할 때 그랬던 것처럼 옥중의 남강을 대신해 다시 나설 수밖에 없었다. 옥중의 남강으로부터 각별한 부탁이 있었기 때문이었다. 오산학교의 재건에는 김이열·이윤영·김기홍 등 그동안 오산이 배출한 인물들의 노력이 큰 몫을 했다. 특히 약관 23세의 김기홍은 3·1운동 때 불탄 자리에 교사를 새로 짓고 경비를 못대어 폐교할 지경에 이른 소학교를 다시 여는 데 자신이 가진 현금 7천 원을 내놓았다. 그들은 우선 불에 타지 않고 남아 있는 기숙사를 임시 교사로 하여 학교의 문을 다시 열기로 하고 고당을 교장으로 다시 모셔왔다. 고당이 오기까지 김이열이 교장으로, 김기홍이 교감으로 수고하였고, 이윤영은 서무와 회계를 맡아보았다.

1920년 9월 다시 문을 연 오산학교 교장에 부임한 고당은 학교의 운영 책임을 맡은 김기홍·조형균과 상의하여 불탄 자리에 임시교사를 짓기로 하고, 그 해 11월 교회당이 섰던 자리에 먼저 45평의 임시 교사를 완성하였다. 새 교사는 교실 셋을 붙여 지었는데, 지붕은 짚으로 이엉을 엮어 얹었다.

1년 반 만에 학교가 다시 문을 열자 학생들이 모여들었다. 이때 모인 학생들은 약 200여 명이었는데, 소학교 과정을 미처 마치지 못하고 입학한 학생들이 많아 따로 예비반을 두었다. 1학년은 새로운 학생들이었고, 상급반에는 기존에 다니던 학생 외에 평양고등보통학교와 선천 신성학교에서 온 학생들이 많았다. 이영학·이홍정은 신성학교에서 왔고, 함석헌과 홍종인은 평양고보를 중퇴하고 들어왔다. 밤이면 기숙사가 되고, 낮이면 교실이 되는 좁은 방에서 책상도 없이 공부해야 하는 처지였지만, 학생들의 기개만은 다른 학교 학생들이 필적할 수 없을 정도로 높았다.

고당은 10여 년간 학교운영을 맡아 온 조형균 장로와 함께 기숙사에 기거하면서 사감 노릇을 겸하였다. 그리고 예전처럼 무슨 일이든지 남을 시키지 않고 자기가 손수 하면서 솔선수범을 보였다. 고당은 "남강 선생께서 이 오산학교를 세우셨다. 이 학교는 다른 공립학교나 선교사들이 세운 학교와 매우 다르다"라는 점을 늘 상기시키며 학생들에게 오산정신을 불어넣었다. 그는 또한 우리 민족을 일으키는 길이 교육과 산업인데, 그러자면 먼저 우리들의 생활이 검소하고 규율이 있어야 한다고 권면하였다. 그러나 그는 말로만 학성들에게 민족의식을 고취하지 않았다. 자신의 생활과 신조로 보여주었는데, 그것은 그 어떠한 말보다도 힘있는 무언의 웅변이었다. 그러한 고당에게 감화를 받은 학생들은 고당을 따라 무명옷을 입고 팥비누를 쓰고 소금으로 이를 닦았다.

오산에서 학생들은 모든 일을 자치로 해나갔다. 기숙사 생활규칙도, 동문회 모임도, 학생들의 풍기단속, 심지어 시험치르는 것도 감독 없이 자치로 해 나갔다. 스승과 제자 사이에, 상급생과 하급생 사이에 벽이 없이 서로 돕고 받들고 이끌어주며 가르쳐주고 배웠다. 당시 평양고보를 중퇴하고 오산학교 3학년에 편입한 함석헌이 "오산학교, 여기야말로 참 교육이 있구나"하며 감탄해 마지 않았던 것도 그 때문이었다.

이렇게 고당이 다시 교장으로 부임한 지 반 년 만에 오산의 불탄 폐허 위에는 다시 생명과 소망이 돌아왔다. 그런데 고당에게는 오산으로 급히 오기 전 평양에서 조선물산장려회를 발기하며 벌여 놓은 일이 남아 있었다. 학교가 아예 간판을 내려야 할 판이라 만사 제쳐놓고 오기는 했지만 평양의 일 또한 그가 짊어져야 할 몫이었다. 그래서 학교가 안정을 되찾자 고당은 오산학교 교장 직을 그만두고, 1921년 3월 창립된 평양YMCA의 초대 총무를 맡아 평양으로 떠났다.

세 차례에 걸친 오산학교 봉직

평양YMCA 총무로 물산장려운동의 불씨를 지피고 민립대학기성운동의 중진으로 활약하며 평양은 물론 전국적으로 명망을 떨치던 고당이 남강의 간청으로 다시 오산학교의 교장 직을 맡은 것은 1925년의 일이었다. 이때 고당의 나이는 43세였다. 31세 때부터 인연을 맺어 온갖 추억이 실타래처럼 얽힌 오산학교에 40대 장년이 되어 세 번째 교장으로 온 것이다.

고당이 왔을 때 오산은 예전과 달리 바야흐로 융성기를 맞이하고 있었다. 1922년 봄 기미년에 불탄 그 자리에 이전 건물의 네배가 되는 400평 규모의 본관이 완성되었고, 그 뒤로 제2교사와 유도관이 1924년에 들어 완공되었다. 운동장도 넓어졌고, 학생수는 늘어나 700명을 헤아렸다.

1920년대의 오산학교

소학교도 증축되어 전체적으로 학교의 면모가 크게 바뀌어 있었다. 뿐만 아니라 마을에는 많은 집이 많이 들어서 완연한 작은 도시를 이루었고, 부근에는 새로운 마을들이 생겼다. 그런데 산이 높으면 골도 깊은 법, 이 무렵 오산학교는 고등보통학교 승격 문제로 진퇴양난의 곤경에 처해 있었다.

3·1운동 후 일제는 '문화정치'를 표방하며 1922년 2월 종래의 차별적인 조선교육령을 개정하여 대학의 설치를 법제화하고, 각급학교의 수업연한을 연장하여 일본의 그것과 동등하게 하는 조치를 취하였다. 일본의 소학교에 해당하는 보통학교를 종래의 4년제에서 6년제로, 일본의 중학교에 해당하는 고등보통학교를 4년제에서 5년제로 각각 바꾸고, 그 위에 3~4년제의 전문학교를 두도록 하였다.

조선총독부의 개정 교육령은 식민지에 대한 그 동안의 차별교육을 완화시키는 측면이 있었다. 그러나 다른 한편으로 그것은 사립학교가 정해진 규격과 내용을 갖추어 보통학교·고등보통학교·전문학교로 개편하지 않으면 진학과 취직 자격을 인정하지 않고 잡종학교로 취급토록 함으로써 총독부가 정한 교과내용과 교육방침에 순응토록 한 조치이기도 하였다. '문화정치'라는 허울좋은 이름으로 민족교육의 공간을 봉쇄하고 식민지 동화교육을 한층 강화하려는 정책이었다.

고등보통학교 승격을 둘러싸고 오산학교가 빠진 딜레마는 바로 이러한 데 있었다. 개정 교육령에 따라 고보로 승격하면 학교의 설비와 내용이 충실해지는데다 자격을 갖춘 교사를 맞아 들일 수 있는 장점이 있고, 무엇보다 졸업생이 사회로 진출할 때 관공립학교 출신 학생과 같은 자격을 가질 수 있었다. 반면 그렇게 하자면 당장에 커다란 재정적 곤란을 겪어야 하고, 특히 교과내용과 교육방침을 총독부 당국의 지시대로 해야 하기 때문에 사립학교로서 자율성이 크게 제약을 받을 수밖에 없었다.

이것은 당시 민족교육을 표방한 사립학교들이 당면한 중대한 시련이었다. 잡종학교로 남아 있자니 졸업생들이 진학이나 취직에서 커다란 불이익을 겪을 뿐만 아니라, 우수한 학생들이 입학하지 않을 것이고, 고보로 승격하자니 총독부의 교육방침을 충실히 따라야 하는 그야말로 진퇴양난의 상황이었다. 따라서 고보로 승격할 것이냐, 말 것이냐를 놓고 의견이 갈릴 수밖에 없었다. 서울과 지방의 이름 있는 많은 사립학교들은 대부분 고등보통학교로 간판을 바꾸었다. 이름 있는 학교 가운데 남아 있는 학교로는 미션 스쿨인 평양 숭실학교와 선천 신성학교, 그리고 민족주의 계통의 정주 오산학교 정도였다.

　이러한 상황에서 설립자인 남강은 일단 시세에 응하면서 나중을 기약하자는 입장을 취하였다. 그리하여 1923년 재단법인 기성회를 조직하여 이승훈·김기홍·오치은·오희은·이학수·조시연·전봉현 등 120여 명이 기부한 기금 25만 원으로 1925년 2월 재단법인을 설립하고, 고등보통학교 승격 신청 서류를 총독부 학무국에 제출하였다.

　고당이 교장으로 부임했을 때는 이미 고보 승격을 위한 제반 수속이 진행되고 있었다. 고당은 고보 승격에 적극적으로 찬성하지 않았지만 반대하지도 않았다. 남강의 고충을 누구보다 잘 알고 있었기 때문이다. 그렇다고 해서 고보 승격을 위해 관청에 나가 총독부 관리들 비위 맞추고 머리를 숙이며 교섭하는 일까지 하기에는 스스로가 용납이 되지 않았다. 지조와 원칙을 중시하는 고당에게 그것은 커다란 딜레마였다. 그래서 관청에 나가 교섭하는 일은 교장을 대신해 이사장인 남강이 모두 맡고, 고당은 교장으로서 교직원과 학생을 이끄는 데 전념하는 것으로 둘 사이에 암묵적인 합의가 이루어졌다. 남강은 대상인 출신답게 관청 다니기 좋아한다는 주변의 비아냥에도 아랑곳하지 않고 고보 승격을 위한 교섭을 진행하여 1925년 11월 드디어 인가를 받아냈다.

　막상 고보 승격 인가가 나기는 했지만 1926년에 졸업할 졸업반은 무자격으로 나가야 했다. 학제가 4년제에서 5년제로 크게 바뀜에 따라 1928년 졸업생부터 비로소 그 자격을 인정받을 수 있었기 때문이다. 고당은 학생들의 요구도 있고 해서 이 무자격 졸업생들을 서울과 평양의 자격 있는 학교로 편입시키려 무던히 애를 썼다. 그러나 크게 효과를 거두지는 못하였다. 고당은 이때 졸업생들에게 자격만이 문제가 아니니 오산학교를 마치는 본뜻을 잊지 말라고 당부하였다. 그 밖에 고당이 고보 교장 직을 맡는 데도 적지 않은 어려움이 뒤따랐다. 평안북도 학무 당국에서 고당의 교장직 유임을 마땅치 않아 한 때문이었다. 하지만 이 문제는 학생들의 완강한 반대에 부딪친 당국이 결국 고당의 교장 유임을 받아들임으로써 일단락되었다.

이렇게 우여곡절 끝에 4년제 오산학교가 5년제 오산고등보통학교로 승격되었지만, 그렇다고 마냥 축하할 수만은 없었다. 총독부 당국과의 타협, 그리고 사립학교의 자율성을 담보로 맡긴 가운데 이루어진 승격이었기 때문이다. 고당은 이러한 점을 걱정했던 것 같다. 남강은 그런 고당을 벽창호라 놀리며 가볍게 핀잔을 주었는데, 그와 관련해서는 다음과 같은 일화가 있다.

오산학교의 고등보통학교 승격 축하식에 이쿠다生田 평안북도 지사가 참석할 뜻을 전해왔다. 이때 남강은 고당의 고집을 잘 알면서도 고당더러 축하식에만은 무명 두루마기를 벗고 예복을 입는 게 어떻겠냐고 권하였다. 고당은 응낙하지 않았다. 남강은 그러면 도지사가 오는 역까지라도 같이 마중을 가자고 했으나, 고당은 이 말도 듣지 않았다. 그러자 남강은 혼자 역에 마중을 나가면서 "고당은 벽창호야"하며 웃었다. 고당은 여전히 짧은 무명 두루마기와 죄충바지로 식에 참석했고, 학생들을 가르쳤다.

1913년 평교사로 처음 부임해 1926년 가을 오산고등보통학교 교장

직을 사임하고 평양으로 돌아오기까지 고당은 모두 세 차례에 걸쳐 햇수로 9년 동안을 오산학교에서 보냈다. 오산에 있으면서 고당은 보수를 받은 일이 없었다. 그러면서도 그는 보수를 받는 동료들에게 보수를 받지 않고도 지낼 수 있는 자신의 넉넉한 형편을 으히려 미안하게 생각하였다.

그런 고당 밑에서 민족을 이끌어갈 수많은 인재들이 나온 것은 결코 우연이 아니었다. 주기철·한경직은 목회자로 나라 잃고 갈 데 몰라하는 양떼들을 이끌었고, 주기용·김항복·함석헌 등은 교육계에 헌신하여 인재를 기르는 데 온힘을 기울였다. 백인제는 독일에 유학하여 한국인 최초로 의학박사 학위를 받고 외과의 가운데 일인자로 이름을 날렸으며, 김홍일은 중국군관학교를 나와 중국군 장교로 한국독립운동을 지원하였다. 고당은 그들에게 경건한 신앙과 높은 이상과 민족을 위해 헌신하는 정신을 불어 넣어 주었다.

내 살림 내 것으로

평양 조선물산장려회의 발기

오산학교에 부임하며 공인의 삶을 시작한 고당이 평양 사회를 무대로 본격적인 사회활동을 벌이기 시작한 것은 1920년 7월 조선물산장려회를 발기하면서였다.

평양 조선물산장려회의 발기는 1920년 4월 조선총독부가 '회사령'을 폐지한 것이 발단이 되었다. 한국을 강제 병합한 직후인 1910년 12월 일제는 회사를 설립할 때 조선총독의 사전 허가를 받도록 하고, 이를 어길 시 처벌을 가하며, 허가를 받은 기업의 경우도 총독부의 명령 또는 허가 조건을 위반하거나 공공질서에 반하는 행위를 했을 때, 사업 정지·지점 폐쇄 또는 회사 해산을 명할 수 있도록 한 '회사령'을 공포하였다. 조선인 민족자본의 발전을 억제하고, 식민지 조선을 일본의 독점적인 상품판매시장으로 착취하기 위해 마련된 조치였다. 또한 그것은 식민지 초과이윤을 노린 일본의 투기성 자본이 막무가나로 조선에 진출하는 것을 사전에 통제하기 위한 조치이기도 하였다. 일본의 산업화가 아직 제 궤도에 오르지 못한 상태에서 일본 국내의 자본이 식민지 초과이윤을 찾아 과도하게 조선으로 빠져나간다면 일본 자본주의의 발전에도 악영향을 미칠 것이기 때문이었다.

일제의 회사령은 조선인 토착자본가들을 격분시켰다. 3·1운동 과정에 상공업자들이 적극 참여한 것도 그 때문이었는데, 그러한 양상은 조선인 상공업자들의 주요 거점이었던 평안도 일대에서 특히 두드러졌다. 그래서 일제는 3·1운동 이후 조선인 상공업자들의 쌓인 불만을 누그러뜨리기 위해 이른바 '문화정치'를 표방하며 종래의 회사령을 철폐하는 조치를 취하였다. 그런데 그것은 제1차 세계대전 중에 유례없는 전시 호황을 누리며 경제적으로 급성장한 일본이 자국에 남아도는 자본을 좀 더 유효적절하게 처리하기 위한 조치이기드 하였다.

회사령의 철폐는 기업활동의 자유를 보다 폭넓게 보장받을 수 있게 되었다는 점에서 조선인 상공업자들에게 하나의 기회였다. 그러나 일본의 남아도는 자본이 본격적으로 조선에 밀려 들어오는 길이 열렸다는 점에서는 위기이기도 하였다. 평양 조선물산장려회의 발기는 이러한 상황에서 이루어졌다. 나라를 잃은 처지인지라 정책적으로 보호무역을 추진할 수 없으니, 민간 차원의 보호무역운동을 통해서라도 조선인 토착산업을 육성하고 일본 기업과 상품이 국내로 밀려 들어오는 것을 막자는 것이었다.

조선물산장려회 포스터

    이러한 생각에서 고당은 정세윤·김동원·김형숙·오윤선 등 평양의 뜻 있는 인사들과 협의하여 조선물산장려회를 조직하자는 데 의견을 모으고, 1920년 7월 30일 발기인회를 소집하였다. 평양 예수교서원에 40~50명의 유지인사들이 모인 가운데 열린 발기인회에서 고당은 임시회장으로 회의를 이끌었다. 그리고 규칙 기초위원으로 선정된 정세윤·김동원·김형숙 등과 함께 조선물산장려회의 조직에 착수하였다.

    〈조선물산장려회 취지서〉(《동아일보》 1920년 8월 23일자)에 나타나 있듯이, 물산장려운동은 조선물산을 장려하여 자작자급自作自給을 이룸으로써 경제계를 진흥시키고, 사회의 발달을 도모하며, 실업자를 취직케 하고, 우리 것을 소중히 여기고 사랑하는 자중자애심自重自愛心을 함양함과 아울러, 근검한 기풍과 용감한 품성을 진작시키려는 민족갱생운동이었다. 그런데 1920년 8월 23일 무렵 창립을 목표로 발기인을 확정하고 〈취지서〉를 발표했지만, 조선물산장려회의 창립은 끝내 무산되고 말았다. 일본인 상인들이 중심이 된 평양 상업회의소에서 조선물산장려회의 발기를 일본 상품에 대한 불매동맹으로 규정하고 온갖 중상모략을 일삼은 때문이었다. 이렇게 배일운동이라는 혐의를 받아 창립이 무산된 데다, 임시회장이었던 고당마저 3·1운동 이후 잿더미로 변한 오산학교의 재건을 위해 급히 평안북도 정주로 떠나면서 조선물산장려회의 공식 발족은 2년 뒤를 기약해야 했다.

조선물산장려회취지서

우리 조선반도는 천부의 땅이요 부원富源의 땅이라. 반만 년 장구한 세월에 간단없이 물자를 공급하고 사업을 부여하여 종족이 번식하고 문화가 개발되었도다. 생장력 많은 지미地味는 농업을 흥케 하고, 무진장의 광물을 포용한 지질은 공업을 성장케하며, 사통오달한 위치는 상업을 융성케 하고, 기후와 풍토는 원예와 임업, 목축업에 적절하며, 강과 바다와 항만은 어업과 운수에 더 없이 좋아 식산殖産함에 가히 축적하고, 흥업함에 가히 치부하겠으니 단연코 삼천리 근역槿域은 이천 만 민족의 보고寶庫요 태창太倉이라 하리로다. 아니 낙원이요 '에덴'이라 하겠도다.

우리는 가히 고루거각高樓巨閣에서 금의옥식錦衣玉食으로 행복과 안락의 생활을 누릴 수 있음을 의심치 않을 것이다. 그러나 묻노니 과연 그러한가. 슬프게도 그렇지 못하다. 사실은 이에 반하여 보고寶庫와 태창太倉에서 헐

벗고 굶주리는 곤궁한 지경을 면치 못하고, 낙원과 '에덴'에서 고난의 참상을 피치 못하게 되었도다. 이것이 과연 어떠한 이유이며 곡절인가. 우리는 놀라 탄식과 한탄을 하지 않을 수 없도다.

우리는 매일 보기도 하고 듣기도 한다. 우리 동족 중에서 남부여대男負女戴하며 부로휴유扶老携幼하고 조상대대의 고국강산을 버리고, 산천이 생소하며 풍토가 다른 만리이역으로 떠나는 자 하루에도 천백을 헤아리니 십수 년 내에 백만을 셀 것이 아니겠는가. 또한 이 땅에 잔류한 자도 그 산업이 날로 쇠하고 달로 퇴하여 빈貧에 빈을 더하고 약弱에 약을 더하게 되니 이 어찌 도외시 하며 등한시할 바이리요. 실로 심히 연구를 요할 문제라 하노라.

생각컨대 개인과 단체를 물론하고 경제력의 여유유무, 즉 부와 빈은 생활상에 고와 락의 차이를 만들 뿐 아니라, 지식상의 우와 열을 야기하고, 마침내는 세력상의 강과 약을 만들어 부자富者는 우하고 강하나, 빈자貧者는 열하고 약하여 필경 우승열패優勝劣敗와 약육강식弱肉强食의 희비극을 연출케 되나니, 그렇다면 과연 우리 민족은 우승자인가 열패자인가, 강식자인가 약육자인가. 우리는 누누히 이를 설명코자 아니하고, 다만 우리의 빈약한 원인이 무엇인 가를 말하고자 하노라.

이에 대하여 물론 근대에 이르러 정치며, 교육이며, 제도며, 습관이 부패하고 해이하여 농공상農工商을 천시하고 오직 사士만 존중하여 당쟁을 유일의 정략으로 하고 의문儀文을 최선의 교육으로 하였으니, 이와 같이 한 것이 모두 빈약의 원인이 될 것은 의심할 바 없을지라. 그러나 이것들은 모두 원인遠因이오 근인近因은 아니라.

이에 우리는 일대근인이 있음을 간파하였으니 즉 자작자급自作自給치 아니함이라 하노라. 바꾸어 말하면 조선물산을 장려치 아니함이니, 고로 우리가 대서특필하고 절규고창하는 바는 자작자급하자 함이니, 즉 조선물산을 장려함이요, 또 바꾸어 말하면 보호무역을 의미함이니, 이것이 우리 조선인에게 가장 큰 문제라 하노라.

현금 구미각국은 저토록 상공업이 발달되었으나 자유무역주의를 행하는 나라는 하나도 없고 모두 보호무역주의를 행하나니, 이것으로 미루어 보건대 선진이오 부강한 나라도 저와 같이 국산을 장려하고 무역을 보호하거든 하물며 뒤떨어지고 빈약한 조선이오.

고로 우리는 조선물산(본화)을 장려하지 아니치 못하리라 하노니, 이를 실천함은 다음과 같은 실익이 있음을 확신하노라.

1. 경제계의 진흥이니, 대체로 조선은 해마다 ㄱ액의 수입초과가 되어 경제계가 점차로 위축되고 쇠퇴하는지라. 고로 조선물산을 장려하여 수입초과의 해를 방지함으로써 경제의 진흥을 도모함이오.
2. 사회의 발달이니, 경제는 인류생활의 기본이오 원체元體라. 경제의 성하고 쇠함은 우리의 생활상 모든 사업에 그 영향을 미치지 않는 것이 없나니, 고로 조선물산을 장려하여 경제계의 융성을 기하는 동시에 사회발달을 도모함이오.
3. 실업자 구제책이니, 농공상農工商은 물론이고 조선물산이 아닌 타화他貨의 세력으로 인하여 조선인 실업자가 다수 발생함은 실로 수백수천을 헤아리는 데 그치지 않는지라. 고로 조선물산을 장려하여 실업자를 취직케 함이 사회구제상 막대한 효과를 거둘 것이오.

4. 조선물산을 사랑하고 소중히 여김이니, 이는 정신상의 큰 문제라. 근대조선인은 숭외배외심崇外拜外心이 성하여 조선물산이 우수하고 아름다울지라도 탁濁하다느니 진陳하다느니 하여 혐오하고 버리고, 타화는 아무리 조열粗劣한 것이라도 청淸하니 신新하니 하여 애지호지愛之好之한다. 어찌 물화 뿐이리오. 천사만반天事萬般이 모두 그러하노라. 고로 조선물산을 장려하여 우선 본화本貨를 애중愛重히 여기는 관념을 발케하고 아울러 자중자애심自重自愛心을 함양케함이오.
5. 근검풍勤儉風과 용감성勇敢性을 조성함이니, 근대 조선인은 유약하고 나태하여 사치와 허영을 숭상함이 날로 심해지는지라. 그 원인이어디에 있는가 함에 대하여 여러 가지의 원인이 있을 줄 알거니와, 그런 중에 위약하고 경박하게 타화를 선호하는 것이 중요한 원인의 하나됨을인정치 않을 수 없을 것이라. 고로 견실하며 질박한 조선물산을 장려하여 이를 사용케함으로써 근실과 검소의 미풍을 낳게하는 동시에 용감하며 쾌활한 인성으로 변화하게 함을 도모함이라.

이를 여행勵行하여 실효를 거두고자함에 가장 필요한 것은 공덕심과 공익심이라 함이니, 대개 우리가 법령이나 정책으로는 이와 같은 문제를 해결할 권리 또는 처지가 아닌 즉, 자위상自衛上 불가불 공덕심과 공익심에 의지하지 않을 수 없음이라. 가령 본화가 설혹 타화보다 품질 상 또는 가격 상으로 개인 경제상 다소 불이익한 점이 있다 할지라도 민족경제상 이익에 유의하여 이를 애호하며 장려하여 수요需要하며 구매치 않으면 안될지라.

고로 우리는 의복음식을 위시하여 가장집물家裝什物이며 일용품에 이르기까지 부득이한 물품 외에는 철저히 본 취지를 실천궁행하고, 한걸음 더 나아가 상공업에 착수역행力行하여 직접으로 실업계의 진흥과 융성을 도모하고, 간접으로 일반사회의 발전과 진보를 기하여 근역槿域삼천리가 이천 만 민족의 참된 낙원, 참된 에덴이 되기를 지성으로 갈망하는 바로다.

1920년 8월
임시사무소 평양부 남문통4정목 야소교서원
발기인씨명

사회운동의 근거지 평양 YMCA

고당이 다시 평양으로 돌아온 것은 1921년 3월 평양 YMCA가 창립되면서였다. 고당은 "예수 그리스도의 경천애인敬天愛人의 복음으로 경經을 삼고, 청년의 덕·지·체 삼육三育의 발달로 위緯를 삼아" 인도人道·정의正義의 지상천국을 건설할 것을 표방하면서 발족한 평양YMCA의 초대 총무를 맡았다. 창립 이사로는 김득수(회장, 광성중 교장)·김동원(부회장, 발기회장),·윤원삼·정일선·이인식·변인서·이하영·김형숙·김홍식·주공삼이 선출되었고, 서기에는 김성업과 박태성, 회계에는 오윤선이 각각 선임되었다.

평양YMCA 총무에 취임함으로써 고당은 소박하나마 민족운동의 진지를 구축할 수 있었다. 150명의 회원 면면이 조선의 제2도시 평양에서 경제·문화방면으로 가장 큰 세력을 확보하고 있었던 기독교계 지도자였다는 사실 하나만으로도 평양YMCA는 평안도 일대 민족운동의 구심점으로 떠올랐다.

이 무렵 평양에서는 3·1운동을 거치며 고양된 민족의식과 '문화정치'를 통해 제한적이나마 허용된 합법공간을 발판으로, 1911년 '105인사건'으로 조직이 와해된 신민회를 대신할 민족운동 조직의 재건작업이 활발히 진행되었다. 먼저 3·1운동 직후 최대 규모의 항일 비밀결사인 대한국민회가 박승명·박인관·고진한·임영석 등 장로교회 인사들을 주축으로 1919년 8월 평양 숭덕학교에서 결성되었다. 김동원·김성업·김형식·조명식 등 대성학교 출신의 안창호 계열 인사들 또한 1920년 6월 대성학우친목회를 조직하고, 이어 1922년 7월 동아일보 평양지국에서 동우구락부를 조직하면서 결집을 시도하였다. 앞서 발기한 조선물산장려회 발기인 70명 가운데 28명이 평양YMCA의 임원을 역임한 인사인 데서도 알 수 있듯이, 평양 기독교계의 지도자들을 망라하여 1921년 3월 24일 남산현예배당에서 창립된 평양YMCA는 이러한 조직들을 아우르는 위치에 있었다.

평양YMCA 회관은 대동문 안 종로에 자리잡은 한식 기와집 2층이었다. 아래층에 도쿄 한인교회 설립의 공로자인 정익로 장로와 정익경 형제가 경영하는 광명서관이라는 서점이 있었고, 그 위층 열댓평짜리 방에 책상 하나, 의자 두어 개가 놓인 평양YMCA가 있었다. 천정에서 먼지가 쏟아져 내리고, 마룻바닥은 곧잘 삐걱거리는 초라한 사무실이었다. 하지만 고당은 이 누추한 곳을 근거로 조선물산장려회를 창립하고,

민립대학기성운동의 불씨를 평안도 일대로 퍼뜨리면서 일약 평안도를 대표하는 민족 지도자로 이름을 날렸다.

물론 평안도 일대에서 가장 큰 영향력을 행사한 인물은 신민회와 평양 대성학교의 설립자 도산 안창호였다. 그러나 당시 도산은 해외에서 독립운동에 여념이 없었다. 때문에 국내에서 그 역할을 대신할 인물이 필요하였는데, 그게 바로 고당이었다. 도산이 희망의 사람이라면, 고당은 진실의 사람이었다. 고당은 오산학교 시절과 마찬가지로 어떠한 보수도 없이 평양YMCA 총무로 1921년부터 1932년까지 12년 동안을 봉직하며 특유의 진솔함으로 사람들의 신망을 얻었다. 그리고 그것을 바탕으로 김동원을 비롯한 도산 직계 인사들과 기독교계 지도자들, 그 밖에 상공업계·교육계·청년계의 다양한 사람들을 하나로 엮어내며 평안도를 근거로 한 민족운동의 구심점 역할을 하였다. 고당 생애의 가장 전성기라 할 그러한 시기였다.

특히 숙원사업이던 조선물산장려회의 창립은 그에게 '조선의 간디'라는 명성을 가져다주었다. 고당이 평양YMCA 총무로 취임하여 앞서 유산된 조선물산장려회의 조직을 재차 발기한 것은 1921년 가을이었다. 그러나 이러저러한 사정으로 진전을 보지 못하다가, 1922년 5월 16일에 이르러 평양YMCA 회관에서 다시 발기인총회를 개최할 수 있었다. 이 자리에서 고당은 고진한·김광원·한영길·김형식과 함께 5인 상무위원으로 선정되었다. 이같은 과정을 거쳐 6월 20일 장대현 예수교청년회관에서 50여 명의 회원이 모인 가운데 드디어 창립총회가 개최되었다. 1920년 7월 조선물산장려회를 처음 발기한 지 만 2년 만에 그동안의 노

조선물산장려회 강연회(1924)

력이 결실을 맺는 순간이었다.

평양 조선물산장려회의 창립의 일등공신은 고당이고 그가 총무로 있던 평양YMCA였다. 조선물산장려회 창립이사 12인의 면면을 살펴보면, 회장 조만식·부회장·이덕환을 비롯해 김동원·김성업·김형숙·김형식·오윤선·임영석·조명식 등 9인이 모두 평양YMCA의 임원이었다. 이 가운데 김동원·김성업·김형식·조명식은 안창호계 동우구락부의 회원이었고, 임영석은 항일 비밀결사 대한국민회 출신이었으며, 이덕환은 모험단이라는 비밀결사 출신이었다. 그 밖의 창립이사로는 대한국민회 출신의 고진한, 모험단 출신의 최용훈, 그리고 여성계를 대표하는 변현성이 있었다. 고당을 비롯한 평양YMCA 지도자들과 동우구락부 인사들이 주축을 이루고, 대한국민회 등 항일 비밀결사 출신과 여성계 인사들이 가세를 하는 구도였다. 이 같은 모양새는 이후 평양 지역 민족운동의 기본 지형으로 자리를 잡았다.

조선물산장려 캠페인

1922년 6월 평양 조선물산장려회의 창립을 시발로 전국 각지에는 물산장려회, 토산장려회, 자작회, 소비조합 등 다양한 물산장려운동 조직들이 등장하기 시작하였다. 그리하여 1923년 1월 20일 서울에 중앙조직을 표방한 조선물산장려회가 조직되기에 이르렀다. 그러나 서울의 조선물산장려회는 지회조직 없이 서울에 본부만을 둔 사실상 서울 지방에 국한된 조직이었다. 더욱이 서울의 물산장려운동은 무산대중의 생활 향상과는 무관하게 토착자본가의 배만 불리는 중산계급의 이기적 운동이라는 사회주의자들의 비판에 부딪혀 1924년부터는 조직조차 유지하기가 힘든 지경에 빠졌다. 사회주의자들의 비판에 한때 유행처럼 번지던 열기가 급속히 냉각된 때문이었다. 그러나 고당이 이끈 평양의 조선물산장려회만은 건재하며 1937년 일제 당국에 의해 해산당할 때까지 흔들림 없이 꾸준한 활동을 전개하였다.

평양 조선물산장려회는 독자적인 회관 없이, 평양YMCA 회관에 간

물산장려운동선전행렬, 옆에 일본경찰이 감시하는 모습이 보인다.

평양YMCA 뒤뜰에서 열린 조선물산장려 선전대 발대식(1930년대)

판을 내걸었다. 주요사업은 선전활동이었는데, 조선물산장려 강연회와 매년 정월 초하루 음력 설날에 대대적으로 벌인 캠페인이 대표적인 행사였다.

조선물산장려 캠페인은 회장인 고당의 제의로 1923년 설날부터 시작되었다.

"우리는 우리의 것을 먹고 입고 쓰고 살림합시다. 우리는 우리의 물건을 많이 만들기에 힘씁시다. 우리는 말로만 하지 말고 끝까지 실행합시다. 그리하여 우리도 남들과 같이 제법 살아봅시다. 사랑하는 우리 동포들아!"

조선물산장려의 취지를 알리는 선전활동이었다. 음력 설날의 선전행렬은 평양YMCA 뒤뜰에 수백 명의 회원과 선전대원이 모여 개회식을 갖고 나팔과 풍악을 울리며 출발하여 종로를 거쳐 시내 중심가를 누빈 다음, 평안남도 도청과 평양부청, 철도호텔을 거쳐 다시 평양YMCA 뒤뜰에 모여 조선물산장려 만세 삼창을 하는 것으로 폐회하였다. 폐회할 때 고당은 "우리 여기서 조선물산장려 만세를 브르고 헤어지기로 합시다. 이 만세는 잡혀가지 않는 만세이니 마음놓고 불러봅시다"하며 만세를 선창하였다고 한다.

3·1운동 때와는 또 다른, 의미심장한 만세 삼창이었다. 선전행렬 틈에 낀 적지않은 수의 사복 경찰관들이 보내는 감시의 눈초리에도 일반 시민들은 너나할 것 없이 함께 행렬에 가세하며 열띤 호응을 보냈다. 이러한 평양 조선물산장려 선전행렬에 대해 《동아일보》는 다음과 같이 보도하였다.

평양에 있는 조선물산장려회에서는 예정과 같이 지난 2월 13일 즉 음력 정월 1일 상오 11시에 부내 기독교청년회관 뒤뜰에 수백 명 회원과 선전대원 다수가 모여 남북 양대로 나누어 나팔소리와 청아한 음악을 선두로 하여 시내 각 곳을 돌며 선전한 후 동 하오 1시 반에 다시 기독교청년회관 뒤뜰에 모여 기념촬영을 하고 조선물산장려 선전행렬원 만세 삼창과 조선물산장려회 만세 삼창으로 폐회하였다더라

《동아일보》 1926년 2월 15일자)

해를 거듭하며 매년 음력 설날의 조선물산장려 시가행진은 과거 평양 석전에 비견되는 평양의 또다른 명물이 되었다. 1923년 설날 시가행진을 앞두고는 협흥사에서 순 조선산 평양목으로 제조한 모자 35개를 평양 조선물산장려회에 기증하고, 평양고아원에도 학생모자 32개를 기증하였다. 이에 조선물산장려회에서는 협흥사에서 평양목으로 특별 직조한 염가의 중절모와 학생모를 회원들에게 널리 소개하고 평양 각 학교에 특별 지정토록 하는 한편, 신문에 직접 광고를 내주기도 하였다.

또한 이 해 설날 선전행렬에는 평양노동연맹회 회원들이 단체로, 조선물산으로 지은 옷과 모자 또는 수건에 가죽신 또는 짚신을 신고 행렬에 참여하여 이채를 띠었다. 서울에서 물산장려운동을 둘러싸고 '중산계급의 이기적 운동'이라 하여 민족주의자들과 사회주의자들 사이에 열띤 논쟁이 벌어질 즈음에, 노동자들이 단체로 행사에 참여한 것은 분명 이례적인 일이었다. 한편 1928년 설날 행사 때는 평안·서경·세창·정창·대동 등 평양 시내의 유수한 고무공장과 경성방직·삼공·대성·공신 등

의 양말공장, 그리고 조선물산상회와 광신상회 등 30여 개의 가입단체가 자사의 상품을 우마차에 싣고 선전행렬에 참가하기도 하였다. 그리고 1930년부터는 금주단연동맹, 차가인동맹 등과 함께 행사를 주관하면서 생활개선·절제운동과의 연대를 강화해나갔다.

이렇게 물산장려운동이 시민들의 커다란 호응을 받으면서 각지의 특산물과 토산품을 판매하던 오윤선의 광신상회, 최용훈의 조선물산상회, 차운성상점, 전좌용상점 등이 호경기를 만

평양 조선물산장려회 포스터

나 번창하였다. 그런데 토산품 애용의 바람이 불어 무명 두루마기와 무명 모자의 수요가 크게 늘어나면서 일부 악덕 제조업자와 상인들이 엉터리 제품을 만들어 파는 일이 늘어났다. 고당은 이 같은 폐단을 막기 위해 우수한 제품을 제조해서 소비자에게 염가르 제공하는 협동조합체를 조직하려고 하였으나 여의치 않았다.

그래서 고당은 조선물산장려회 안에 생산조합이나 소비조합과 같은 자체의 실행기관을 두지 않는 대신, 평양 시내의 유수한 제조업체와 상점들을 조선물산장려회에 가입시켜 조선물산의 품질과 가격을 관리하려 하였다. 그리고 각 교회의 청년회와 부인회, 일반 사회단체를 하나의 네트워크로 엮어 일종의 시민 감시망을 가동하는 한편으로 일상적인 조

선물산장려 캠페인을 벌여나갔다. 평양의 조선물산장려회가 다른 지역에 비해 두드러진 성과를 거둘 수 있었던 것은 이처럼 지역의 상공업계·기독교계·여성계를 하나의 네트워크로 엮어 이를 실질적인 상공업진흥과 소비절약·생활개선 방면으로 확산시켜 나간 데 있었다.

조선의 간디

고당은 조선물산장려운동을 통해 평양을 민족 자립경제 건설운동의 본거지로 만들었다. 평양의 물산장려운동이 다른 지역과 달리 지속적으로 영향력을 발휘했던 것은 대표적인 상공업도시로서 상공인층의 적극적인 참여와 더불어, 관서지방의 오랜 평민적 자치질서와 프로테스탄티즘을 통해 계발된 시민사회적 가치에 대한 지역 내의 폭넓은 공감대가 있었기 때문이었다. 그러나 그렇다 해도 평소 일관되게 토산애용을 실천 궁행함으로써 '조선의 간디'라는 별명을 얻은 회장 조만식의 각별한 지도력이 없었다면 애당초 가능하지 않았다.

조선물산장려 곧 토산애용운동은 고당이 창안하고 실천하고 지도한 독특한 운동이었다. 고당은 오산학교 교장시절부터 고집스럽게 한복만을 입었다. 짧게 깎은 머리에는 학생 시절에 쓰던 외제 맥고모자 대신에 갓과 탕건을 썼다. 물산장려운동은 이렇게 고당 자신이 평소 생활신념으로 혼자 실천해오던 것을 사회에 널리 보급하여 대중운동으로 조직한 것이었다.

고당은 물산장려운동을 일으키면서 현상공모를 통해 만든 〈물산장려가〉를 사람들에게 널리 보급하였다.

산에서 금이 나고 / 바다에 고기
들에서 쌀이 나고 / 목화도 난다
먹고 남고 입고 남고 / 쓰고도 남을
물건을 낳아주는 / 삼천리 강산

물산이 풍부한 삼천리 금수강산을 예찬한 이 노래는 당시 평양에서 민요처럼 널리 불려지며, 사람들에게 우리 땅과 우리 바다, 우리 물산의 소중함을 일깨웠다.

인도의 간디가 영국에서 수입되는 직물을 거부하고 직접 물레를 돌려 옷감을 짜면서 민중들에게 자작자급의 자립정신'을 고취했듯이, 고당은 자신의 옷차림으로 민족의식을 고취하며 물산장려운동의 상징을 만들었다.

고당은 조선물산장려회를 창립할 무렵부터 그 전에 쓰던 갓과 탕건을 순 조선산 무명천 모자로 갈아 썼다. 그러다가 누군가가 갓만드는 말총으로 중절모자를 떠서 선물한 뒤로 여름에는 회색 말총모자를, 겨울에는 흑색 말총모자를 썼다. 무명 두루마기는 활동하기 편리하도록 무릎 정도에 오게 짧게 하고, 저고리의 고름을 없애는 대신 단추를 달았다. 바지도 양복바지처럼 가랑이를 좁게 해서 활동하기 편리하도록 고쳐 입었다. 가을철, 겨울철에는 검은색 무명 두루마기를 입었고, 여름철에는 흰색 모시 두루마기를 입었다. 신발은 가죽신을 신다가 조선인 피혁공

평양 물산장려운동 선전행렬을 보도한 조선일보 기사

장에서 국산 구두가 나온 다음부터는 단화로 바꾸어 신었다. 주위에서 사교상 필요하니 양복을 한 벌 마련하라고 권해도 고당은 요지부동으로 자신이 실용적으로 개량한 한복 패션만을 고집하였다. 명함 용지까지 국산 한지를 사용해 만들 정도로, 고당은 의복뿐 아니라 사소한 일용품에 이르기까지 가능한 한 조선물산을 애용하였다.

 1929년 8월 큰딸 선부를 시집보낼 때도 고당은 서양풍의 면사포를 씌우지 않고 하얀 모시치마에 모시 적삼을 입도록 했다. 신랑 정재윤 또한 모시 두루마기를 입었고, 다섯 명씩의 신랑 신부 들러리들도 한결같이 모시 두루마기와 모시 치마 저고리를 입었다. 딸의 결혼식에서까지 물산장려운동의 본을 보인 것이다. 서양인 선교사 맥큔의 주례와 마펫의 축사에, 한복을 입은 신랑 신부 때문에 고당의 큰딸 결혼식은 한동안 평양사람들의 화젯거리가 되었다. 고당은 넉넉한 가정형편에도 자녀들에게 사치스런 비단옷을 입히지 않았다. 검정 버선에 잘 입혀야 명주옷이고, 보통은 무명옷이었다.

   이러한 솔선수범을 통해 고당의 짧은 무명 두루마기와 말총모자는 물산장려운동의 상징이 되었고, 장안에 유행하는 새로운 패션이 되었다. 사치와 허영에 들뜨게 마련인 화류계 기생들까지 무명 치마 저고리 입는 것이 하나의 유행이 될 정도였다. 금가락지와 패물을 거두어 사회단체와 학교에 기부하는 기생들도 생겨났다. 학생들도 값비싼 일제 양복보다 조선산 무명천 교복 입는 것을 자랑으로 여겼다. 이렇듯 평양 일대에서 물산장려운동은 십 수년을 두고 민중의 의식과 생활에 커다란 영향을 미쳤다. 꾸준한 실천과 인격적 감화로 고당은 민중의 존경을 한몸에 받는 지도자가 되었고, '조선의 간디'라는 애칭이 그 뒤를 따랐다.

기업설립운동과 근검저축식산조합

서울의 조선물산장려회가 지식인 중심의 계몽운동단체로 출발한 것과 달리 고당이 이끄는 평양의 조선물산장려회에는 처음부터 상공업자들의 참여가 두드러졌다. 고당은 물산장려운동을 통해 이제 막 공장공업 단계로 들어서기 시작한 토착자본가층의 기업활동을 자극하여 국내 상공업을 진흥시키려 하였다.

실제로 물산장려운동이 본격화하는 1923~1926년에 걸쳐 평양의 양말공업과 고무공업은 총독부의 정책적 지원이나 자본 규모와 기술면에서 모두 일본인 기업에 비해 열세에 놓여 있었지만, 기계자동화를 통해 공장공업 단계로 진입하며 지역경제에서 확실한 우위를 확보하였다. 특히 고무공업은 "망령들린 영감이라도 고무공장을 차린다면 주저없이 땅문서를 내준다"고 할 정도로 호황을 누렸다.

여기서 주목할 사실은 양말공업과 고무공업의 경영자 대부분이 기독교인이었다는 점이다. 평양 양말공업의 실질적 개척자라 할 수 있는 이진순의 공신양말을 비롯해서 손창윤의 삼공양말, 방윤의 대원양말, 오경숙의 대성사직조소, 박태홍의 세창양말, 이창연의 대동양말, 이용석의 영신양말, 박인관의 신성양말 등 대표적인 메리야스 공장들이 모두 기독교인들에 의해 설립된 기업이었다.

고무공업 또한 예외가 아니었다. 평양 고무공업의 원조라 할 수 있는 정창고무의 경우 한국 최초의 고무배합 기술자였던 공장장 이병두를 비롯해 출자자 대부분이 기독교인이었다. 대동고무 역시 창전동교회의 장로로 포목상과 금전대부업을 하던 사장 이춘섭을 비롯해 평양 기독교회의 목사·장로·집사들로 조직된 조합이었다. 평안고무 사장 김동원은 고당과 함께 평양YMCA와 조선물산장려회를 이끌어간 평양 기독교계의 중진이자 동우구락부-수양동우회의 지도자였다. 서경고무의 사장 방윤과 취체역 이창연 또한 기독교인이었으며, 여기에 출자자로 참여한 우제순·김여식은 수양동우회 회원이었고, 김정상 역시 교인으로 자본금 10만 원의 일신당약방을 경영하며 공업용 약품까지 취급하던 평양의 대표적인 매약상이었다.

이와 같이 기독교인들에 의해 주도된 평양의 양말공업과 고무공업이 열악한 조건에서도 성공적으로 일본 자본의 침투를 막아내며 성장할 수 있었던 요인에 대해서는 상리商利에 밝고 계산이 분명한 평안도 상인기질과 신용과 근검저축, 프론티어적 진취성을 강조하는 청교도적 프로테스탄티즘의 경제윤리, 그리고 기독교인 상호간의 친화력과 단결력 등이 지적된다. 대개가 자본금 1만 원 이하의 개인 중소기업이었던 양말공업의 경우 그 개척자들은 대부분이 상점점원 또는 자영업자에서 출발하여 근검저축과 신용으로 기업을 일으켜 자수성가한 인물들이었다. 그리고 고무공업은 기계설비 등에 투자되는 5만 원을 전후한 자본규모와도 관련해 교회 인맥을 통한 상인·지주 자본의 규합이 두드러졌다.

물론 평양에서도 이들 업종을 제외한 대부분은 일본인들의 손에 장악되어 있었다. 그러나 이들 업종에서나마 조선인이 우위를 확보할 수 있었던 데는 물산장려운동과 더불어 기독교의 역할이 컸는데, 교회를 중심으로 전개된 근검저축식산운동은 그 대표적인 사례였다.

평양에서는 대한제국 말기부터 근검저축조합의 조직을 통한 기업설립운동이 교회를 기반으로 꾸준히 전개되었다. 고당 또한 조선물산장려회의 창립에 앞서 김동원 등과 함께 1921년 12월 우리 산업상 필요한 회사나 기관을 설립하자는 취지로 100명 정원의 평양실업저금조합을 설립하고, 평양YMCA를 중심으로 매달 5원씩 출자·저금하여 이듬해 여름부터 1차 사업으로 '대동강'이란 상호를 붙인 잉크를 제조 판매하였다. 뿐만 아니라 조선물산을 장려하고 술·담배와 사치로 허비되는 금전을 절약 저축하여 산업에 투자하자는 취지로 1926년 10월 김능수·김병연·한근조 등과 함께 100명 정원에 1구 1개월 2원씩 적립하는 평양절약저금식산조합을 창립하였다. 또한 1930년 3월에는 조합원 백여 명이 모집하여 1구에 매일 20전씩 4개년간 저금하여 6개년 동안 식산하는 것을 목표로 평양협동저금조합을 조직하기도 하였다.

그런데 근검저축조합을 통한 산업자본의 형성은 건전한 자본주의 경제건설의 본보기라는 면에서는 의미를 가지나, 그 자체가 당면한 자본결핍을 해결해줄 확실한 대안은 못 되었다. 그래도 고당은 우선 최소 자본으로 할 수 있는 소공업 또는 가정 수공업을 일으켜 일상용품을 제조토록 함으로써 자작자급의 범위를 넓혀가야 한다고 보았다. 그는 그러한 소공업 또는 가정공업의 성공사례로 양화용 가죽 제조, 고무바퀴, 소독저, 세탁비누, 잉크, 각종 세공용 부속품 제조 등을 들었다.

고당은 이렇게 일단 소공업을 육성하여 자작자급의 폭을 넓혀 가는 가운데, 소자본의 결합과 재산가의 궐기를 통해 일본인 대자본에 맞서는 대규모 공장공업을 일으키려 하였다. 이를 위해 고당은 금광·토지·

일제금융수탈의 거점이 된 조선은행 평양지점

미두·주식 투기나 고리대금업에 몰린 재산가의 자금을 산업자본으로 전환하고, 소자본을 모아 대자본을 형성하고 소단결을 합해 대단결을 이룰 것을 제안하였다. 이 과정에서 평양의 양말공업과 고무공업을 중심으로 합자회사 또는 주식회사가 하나둘씩 설립되었다.

고당은 거기에 만족하지 않고 1928년 12월 오윤선·김동원·김성업 등 평양YMCA·조선물산장려회 인사들과 함께 평양의 조선인 상공업자를 망라한 지도기관으로 평양상공협회를 발기하였다. 기존에 일본인과 조선인 상공업자를 한데 묶어놓은 평양상업회의소가 있었지만, 여기서 조선인은 들러리에 불과했다. 그래서 조선인 상공업자의 공동 발전을 도모할 별도의 단체가 필요했다. 평양상공협회는 출범 이후 상공업에 관한 제반 사항을 연구하고, 분쟁을 중재하고 토착 상공인 상호간의 단합을 도모하며, 상공업계의 생기를 진작하고 상도덕을 향상하여 신용불량 파산자를 근절케 하는 것을 목표로 활동을 전개하였다. 뿐만 아니라 상공업 발달에 필요한 시설을 설치하는 데도 관심을 기울여, 1930년 12월 1구 1백 원씩 1천 구를 모집하여 일차 10만 원을 기금으로 조선인 금융기관의 전단계가 될 상공식산조합을 발기하기도 하였다.

    고당은 상공업 진흥에 필요한 기술 문제에도 많은 관심을 기울였다. 그는 실생활과 상관 없는 지적 수양이 대부분인 당시의 교육제도를 고등 룸펜을 만들어내는 산실이라고 비판하면서, 우리의 살 길은 상공학교를 설립하여 실업 방면으로 많은 인재를 교양하고, 견실한 발명장려 기관을 조직하여 새로운 기술을 개발함에 있다고 강조하였다. 이를 위해 고당은 1930년 숭인중학교를 상업학교로 변경하고, 생산기술교육을 목적으로 하는 도제학교의 설립을 추진하였다.

    이처럼 고당은 토산애용과 더불어 근검저축식산조합의 설립, 자본의 합동과 조선인 금융기관의 설립, 평양상공협회와 상공학교의 설립을 통해 토착 상공업을 진흥시키려 하였는데, 그것은 '조선인 스스로의 힘으로, 조선인을 본위로 한 경제적 부흥운동'의 촉매가 되었다.

생활개선운동과 기독교절제운동회

고당의 민족경제 부흥운동은 토산애용을 통한 토착 상공업의 진흥에서 끝나지 않았다. 고당은 "근검한 기풍과 용감한 품성의 진작" 곧 근검절약을 통한 개인의 생활개선과 의식개혁을 물산장려운동의 또 하나의 목표로 삼았다. 상공업의 진흥이 생산자의 몫이라면, 토산애용을 통한 생활개선은 소비자의 몫이었다. 고당은 생산·유통·소비에 걸쳐 조선사람 스스로의 힘으로 조선사람의 생활을 경영할 수 있게끔 하는 민족자립경제의 건설을 추구하였다. 그러한 방법으로 고당은 ① 소비조합·저금조합·신용조합·이용조합 등 협동조합운동의 조직, ② 대소규모의 물품을 직접 만들어 자작자급하는 물산운동, ③ 금주단연과 소비절약 등의 절제운동, ④ 농사개량·관개·원예·목축 등의 농촌운동, ⑤ 공업장려·소상인보호 등의 상공운동을 거론하였다. 그리고 토산애용에 대해, 사치를 방지하자는 것으로 "개인생활의 수지를 맞추자는 것이고, 나아가 민족경제를 수립하자는 것"이라고 그 의의를 설명하였다.

    토산애용과 소비절약을 통한 개인의 생활개선, 나아가 민족경제의 수립을 주장하며 고당이 일차적으로 강조한 것은 금주와 금연이었다. 조선물산장려회의 발기에 앞서 1920년 4월 평양에서 평양금주동맹회가 정두현·한영길 등 기독교계 인사들을 중심으로 창립되었는데, 고당은 이때 금주강연회에 연사로 참여하였다. 정두현과 한영길 또한 조선물산장려회에 발기인으로 참여하여 서로간에 끈끈한 유대를 과시하였다. 물산장려운동과 소비절약·절제운동 사이의 긴밀한 관계는 조선물산장려회의 창립을 전후해 전국에 140여 개의 금주단연 단체가 속출한 데서도 확인된다.

    평양의 소비절약·절제운동은 평양YMCA가 농촌사업에 착수하고 신간회 평양지회가 설립되는 1927년 후반 무렵부터 한층 적극적으로 추진

평양 절제운동 발대식

되었다. 산미증식계획을 비롯한 일제의 수탈적 경제정책으로 소농민과 도시서민층의 생활이 더욱 곤란해져 비상한 고통을 느끼게 되면서 조선 물산을 장려하고, 소비를 조합하며, 술 담배를 금해야 할 필요성이 한층 증대된 때문이었다.

이때 고당을 지도를 받던 김봉준 등 평양의 교회 청년들이 중심이 되어 금주단연동맹을 창립하였다. 130명의 회원으로 출발한 금주단연동맹은 기관지 《절제생활》을 발행하고 공동저축운동을 전개하는 한편, 1930년부터 조선물산장려회와 함께 설날 조선물산장려 선전행렬을 주도하면서 절제운동에 박차를 가해나갔다. 고당 스스로도 1932년 5월 평양 장로회신학교에서 조직된 조선기독교절제운동회의 공동회장을 맡아 소비절약·생활개선운동에 앞장섰다.

한편 고당은 협동조합의 조직에도 많은 관심을 가져, 도시 소비자와 소농민 사이에 중간이익 착취를 없애고 단체적 훈련을 주자는 취지로 관서협동조합경리사를 설립하기도 하였다. 1931년 4월 고당을 이사장으로 하여 창립된 관서협동조합경리사는 평남·평북·황해 3도 내 협동조합의 통일된 조직체의 완성을 목표로 먼저 각처 협동조합에 대한 기본조사에 착수하였다. 그리고 관서지방 협동조합운동의 전문적 지도기관을 표방하며, 상품소개와 중개 알선, 공동구입과 배급, 자금대부 등의 사업과 미조직 지역의 조직 촉성, 강습회·강연회, 협동조합 경영방식과 운동이론의 통일, 기관지 발행 등에 걸친 당초의 사업구상을 실행에 옮겼으나, 뚜렷한 성과를 거두지는 못했다.

고당은 일제의 식민지 수탈로 극심한 생활난에 시달리던 민중에게 우선 토산애용과 자작자급을 통해 개인생활의 수지를 맞춤으로써 최소한의 생존조건이나마 확보해야 한다고 누누이 강조하였다. 당시 민중의 생활난이 이민족 지배로 정치적 보호가 근실치 못한 데서 비롯된 것이기는 하지만, 그러한 경우라도 살기를 그만두기로 하면 모르거니와 살기로 한다면 수지를 맞추어 살아갈 방침을 세워야 한다는 것이었다.

고당은 그러한 생활개선의 구체적 방침으로 의복개량과 관혼상제에 대한 소비절약, 금주단연을 들었다. 먼저 의복개량에 대해 고당은 빚을 내어 양복행세를 하는 식자층과 청년들의 과소비 풍조를 비판하면서,

토산품과 색의色衣를 애용 장려하고 한복을 실용적으로 개량하여 대중화할 것을 제안하였다. 그리고 중소농민이 집칸과 땅 마지기를 날리고 파산지경에 이르게 되는 원인의 30~40퍼센트가 소나 논밭을 팔거나 저당 잡혀 관혼상제를 치르는 낭비 풍습에 있다고 지적하면서, 혼례와 상례를 간소화할 것을 주장하였다. 고당은 또한 농촌의 잘살고 못살고가 그 마을의 술집 수에 정비례한다고 해도 과언이 아니라고 하면서, 금주단연이 소극적이지마는 긴급한 과제라고 하였다.

더불어 고당은 우리의 생산력 수준을 넘어서는 소비를 절제하고 자작자급함으로써 소비를 합리화할 것을 주장하였다. 그는 과소비 곧 향락·낭비·사치·허영·허례 등 악풍조의 원인으로 오랜 습관과 더불어 이상한 신주의新主義를 꼽았는데, 그것은 바로 도시에서 이른바 '문화생활'이라는 이름으로 퍼져나간 자본주의 소비문화였다. 물론 신식 가옥과 가구·축음기·양복·화장품·요리점·유흥 그 밖의 모든 생활 정도의 향상은 당연한 일임에 틀림 없으나, 우리의 소유재산 정도와 특수사정을 고려치 않고 유행만 쫓아가는 것은 남용이자 사치요, 향락과 타락이라는 것이었다.

그러한 견지에서 고당은 자본주의적 생산에 의해 뒷받침되지 않는 자본주의 소비문화의 무분별한 확산이 몰고올 결과는 결국 파멸밖에 없다고 경고하면서, 지도층 인사들의 솔선수범과 더불어 방종한 청년학생, 타락신사와 신여성의 반성을 촉구하였다. 즉 생각·행동·의복·음식·가구·일용 사물·기타 범절에 걸쳐 '문화생활'의 유혹을 떨치고 질박검소한 생활에 힘쓰자는 것이었다. 신식 영국 상품을 거부하고 손수 물레질

하던 간디를 연상시키는 한마디였다.

　이와 같이 고당은 절제와 내핍을 통한 생존기반의 확보, 조선물산의 애용과 협동조합운동의 조직화, 근검저축을 통한 산업자본의 형성, 실업교육의 확대 강화, 소공업의 장려 조장, 소자본의 결합과 재산가의 궐기를 통한 대공업의 육성 등으로 이어지는 일련의 경제운동을 조직화하여 조선사람 독자적인 자본과 힘으로 꾸려가는 자작자급의 민족자립경제를 건설하려 하였다. 생산부문에서 토산장려와 애용을 통해 조선물산에 대한 수요를 늘여 토착 상공업을 진흥시키고, 소비 부문에서 토산애용과 자작자급, 소비의 합리화를 통해 개인생활의 수지를 맞춤으로써 자립적인 민족경제를 수립하려 하였던 것이다. 이를 위해 고당은 자신의 40대를 헌신하였다.

시민사회의 개척자

평양 사회와 고당

일본에 나라를 빼앗긴 속에서도 관서의 웅도, 역사의 도시, 상공업의 도시, 종교의 도시, 유흥의 도시, 축구의 도시, 냉면의 도시 등 이러저러한 이름으로 불리우던 평양은 여전히 조선사람의 평양으로서 나름의 활력을 유지하였다. 1915년부터 1924년까지 조선 전체의 공장이 4배 늘어났는데, 평양은 8배의 증가를 나타냈다. 생산액 면에서도 조선 전체가 평균 6배의 증가를 보인 데 대해, 평양은 무려 30배의 증가를 기록하였다. 또한 평양은 '조선의 예루살렘'이라 불리우는 기독교의 중심지이기도 하였다.

평양사람, 평안도사람들에게 정치권력의 상실은 사실 새삼스러운 일이 아니었다. 일본에 나라를 빼앗기기 전에도 평안도는 조선왕조 5백 년 동안 정치권력에서 철저히 배제를 당해왔다. 상공업의 발달로 조선 후기 들어 경제적으로는 전국 8도에서 가장 부유한 지방이 되었지만, 아무리 과거에 합격을 해도 정6품 이상의 관직에 오르는 경우는 거의 없었다.

남강 이승훈의 말대로 그래서 평안도에는 조상 이름 울궈먹는 정승 판서의 사당도, 사색 당파도, 양반 상놈 따지는 차별도 없었다. 남달리 가진 것이 있다면 감상어린 수심가와 울결한 혁명사상뿐이었다. 애당초 정승 판서로 출세할 길이 막혀 있었기 때문에, 사람들은 정치권력에 기웃거리는 대신에 상놈들끼리 평민적 자치질서를 이루어 스스로 힘으로 일해 먹고 살 길을 찾았다.

'인생지사 새옹지마'라고, 그 결과 근대에 들어서는 신문명을 다른 지방보다 빨리 받아들여 기독교와 신교육, 신문화가 일찍부터 발달하였다. 조선왕조로부터 받은 오랜 정치적 소외와 수탈의 경험에서 국가에 대한 시민사회의 자율성을 앞세우는 자유주의를 받아들였고, 유교 문화의 변방으로 신분적·지역적 차별을 받아야 했던 데서 노동의 신성함과 평등의 윤리를 설파하는 새로운 종교 기독교를 앞장서서 받아들였다. 또한 양반사족 지배질서의 사각지대에서 싹튼 평민적 자치질서를 바탕으로 다른 어느 지방보다 많은 교회와 학교, 사회단체를 설립하였다.

고당이 발의한 물산장려운동은 이처럼 오랜 정치적 소외의 경험을 통해 국가권력에 기대기보다 민간사회 차원에서 자율적으로 당면한 문제를 해결하고 스스로의 살 길을 찾아왔던 평안도사람들의 삶의 방식을 일대 민족운동으로 발전시킨 대표적인 사례였다.

이와 관련해서는 평양 〈조선물산장려회 취지서〉에서 오늘날 상공업이 발달한 선진국들도 저마다 모두 보호무역주의를 행하는데, 나라를 잃어 법령이나 정책으로 그것을 실행에 옮기지 못하는 우리의 처지에서는 자위상 불가불 민간의 공덕심과 공익심에 의지한 보호무역운동으로서 물산장려운동을 제창하지 않을 수밖에 없다고 밝힌 대목에 유의할 필요가 있다. 국가권력이 받쳐주지 않는다 해서 손놓고 있지 말고, 시민사회 차원에서라도 살 길을 찾아야 할 것이 아니냐는 선언이었기 때문이다. 시민경제주권운동으로서 물산장려운동이 유독 평양에서 꾸준하게 전개되며 미흡하나마 제 역할을 할 수 있었던 것은 일찍부터 그러한 부분에 대한 공감대가 폭넓게 형성되었기 때문이었다.

고당이 전개한 민족운동은 이 같이 민간사회의 자율성을 중시하는 평안도의 평민문화를 바탕에 깔고 있었다. 고당을 비롯한 평안도 사람은 농·공·상업을 천시하고 당쟁과 공리공담만을 일삼는 허황된 풍토와 전제정치의 해악이 나라를 망하게 했다고 생각하였다. 때문에 그들에게는 그러한 병폐를 제거하는 일, 곧 사람을 새롭게 하고 사회를 새롭게 조직하는 일이야말로 독립국가의 기초를 다지는 시급한 과제가 아닐 수 없었다.

고당은 1921년 평양YMCA 총무로 취임하여 1932년까지 12년 동안 봉사하면서, 1922년 조선물산장려회를 창립하고, 산정현교회의 장로가 되어 김동원·오윤선 장로와 함께 평양 사회와 기독교계를 이끌었다. 조선민립대학기성회가 창립되었을 때는 중앙집행위원 겸 지방순회위원으로 평안도 일대를 돌며 선전강연과 모금운동을 벌였다.

1927년에는 숭인학교 교장으로 부임하여 재정난에 빠진 학교를 상업

고당이 중앙집행위원 겸 지방순회위원으로 활약한 조선민립대학기성회창립 총회 기념사진

학교로 탈바꿈시켰고, 1931년에는 관서체육회의 회장에 취임하여 민간에 체육을 보급하는 데 앞장섰다. 비록 입법·사법·행정의 권력은 없었지만, 고당은 무관의 제왕으로 평양의 조선인사회를 조직하여 자율적으로 고아원과 공회당과 도서관을 세우고, 상공협회와 체육회를 만들었다.

　나라가 없으니 민간 차원에서라도 해야 할 일은 해야 하지 않겠냐는 현실적 이유도 있었지만, 시민사회의 튼실한 기초 없이 제대로 된 독립국가의 건설은 기대할 수 없다는 평소 신념 때문이기도 했다. 총독부 권력으로부터 독립된 조선인으로 이루어진, 조선인에 의한, 조선인을 위한 시민사회의 개척은 고당의 입장에서 볼 때 독립국가의 기초를 다지는 실로 중요한 작업이었다. 그래서 고당은 청년들에게 서울이나 대도시에만 모여 웅성거리지 말고 자기가 나고 자란 그곳에서 죽기를 각오하고 향토를 지키라고 당부하였다. 저마다 지방으로 돌아가 조선사람이 근거하며 존립할 터전을 지음으로써 새로운 조선의 기초를 놓으라는 말이었다.

평양고아원의 설립

고당이 시민사회의 개척자로서 평양 조선인사회의 크고 작은 일들을 직접 챙기기 시작한 것은 1921년 평양YMCA 총무로 취임하면서였다. 고당이 총무로 있던 당시 평양YMCA 사무실은 지역사회의 사랑방이었다. 사람들은 지역사회의 현안 문제나 건의사항은 물론, 개인의 억울한 호소나 딱한 사정, 심지어 자녀 학업 문제나 집나간 아내 문제 같은 가정사를 가지고 고당의 조언을 듣기 위해 YMCA 사무실을 찾았다. 그 결과 평양YMCA는 자연스럽게 평양 사람들의 민원 창구요 무관의 지방정부가 되었다. 비정부조직NGO으로 어떠한 정치권력도 가지지 않았지만, 지역사회의 숱한 숙원사업들이 일제 총독부 권력과 무관하게 평양YMCA를 무대로 해서 논의되고 집행되었다.

    1921년 10월 평양YMCA 사무실에서 발기 설립된 평양고아구제회와 평양고아원은 그 첫 결실이었다. 평양에서 조선인의 손으로 경영된 최초의 사회사업이라 할 평양고아원의 설립은 김병선이라는 양철공의 열렬한 정성으로 이루어졌는데, 여기에는 눈물겨운 미담 한 토막이 있다.

자신 역시 고아로 불우한 어린 시절을 보낸 김병선은 양철공장 직공이었다. 3·1운동에 참여해 싸우다가 일본 관헌에 체포된 김병선은 가혹한 고문으로 반죽음 상태가 되어 가석방 처분을 받았다. 이 사실을 알고 평양 유지들은 기독교기관에서 경영하는 기홀병원에 그를 입원시켰다.

김병선이 기홀병원에 입원하여 치료를 받을 때였다. 마침 교통사고로 중상을 입은 소년이 병원에 들어왔다. 중태에 빠진 소년은 출혈이 심해 당장 수혈을 받지 않으면 생명이 위태로운 지경이었다. 그런데 혈액은행도 없던 시절에 갑자기 많은 양의 피를 구하기란 쉬운 일이 아니었다. 이 사정을 알게 된 김병선은 의사에게 자신의 피를 뽑아 쓰라고 요구하였다. 마침 혈액형은 같았지만, 김병선 또한 중증의 환자인지라 의사는 주저하지 않을 수 없었다. 그러나 "저 앞길이 창창한 소년의 목숨을 구할 수만 있다면 피를 뽑고 죽는다 해도 기쁘게 눈을 감겠다"는 김병선의 거듭된 간청에 의사는 결국 모험을 감행하였다. 그 결과 소년은 목숨을 건질 수 있었고, 김병선 또한 몸에 별 지장이 없었다.

이러한 미담이 알려지자 김병선 청년의 고귀한 희생정신에 감동한 독지가들이 각처에서 동정금을 보내왔다. 김병선은 자신에게 보내온 무려 3백여 원에 이르는 동정금을 한푼도 쓰지 않고 자신과 같은 처지의 고아들을 위해 쓰기로 결심하였다. 그래서 병원에서 퇴원한 뒤 그 돈을 기본금으로 삼고 유지의 후원을 받아 평양고아원을 발기하였다. 그리고 수

옥리의 집 하나를 세내어 거리에서 방황하는 고아들을 데려다 보호하면서 침식을 함께 하였다. 평양고아원이 설립되자 김인정 여사가 현금 1천 원을 기부한 것을 비롯해 각처에서 동정금이 답지하였다. 원아의 수도 40여 명으로 늘어나, 1922년 5월에는 창전리에 있는 동양염직소 공장을 사들여 독립된 원사를 마련하였다. 그런데 호사다마라고 김병선은 옥중에서 당한 고문 후유증으로 병을 얻어 그해 8월 세상을 뜨고 말았다. 25세의 젊은 나이였다.

김병선이 세상을 뜬 뒤에도 평양고아원은 조선인사회의 많은 동정을 받으며 발전을 거듭하였다. 원아들에게는 의복과 침식 제공은 물론 보통학과와 간이 수공에 대한 교육이 실시되었다. 평양 조선물산장려회가 창립된 뒤에는 봉투제조기를 구입하여 조선산 원료로 실용적인 각종 봉투를 제조하여 판매하기도 하였다. 고아원에서는 간이 수공을 해서 얻은 실수입의 반액을 저금하였다가 원아가 18세가 되어 고아원을 나설 때 자립에 필요한 생활자금으로 제공하였다. 시내의 대동·서경·광륜 세 병원에서는 원아들을 무료 진료하는 호의를 베풀기도 했다.

평양고아원은 1925년 4월 평양YMCA에서 설립자회를 개최하여 재단법인을 설립키로 하고, 김지건·윤동식·윤주일을 위원으로 선정하였다. 이 가운데 윤주일은 평양 영명사에 적을 둔 전라도 출신의 승려로 김병선이 세상을 뜬 뒤 고아원의 살림을 도맡아 하였을 뿐만 아니라, 재단법인이 완성된 뒤 이사장겸 고아원장으로 다년간 봉사한 평양고아원의 공로자 중의 공로자였다. 1930년 4월 24,500원의 기부금으로 재단법인 인가를 받은 평양고아원은 1931년 10월 신축원사를 낙성하고 간이공장을 설치하여 교육과 노동을 병행하였다. 1921년 설립 이후 10년간 구제를 받은 고아들은 모두 160여 명에 이르렀다.

원아들에게는 세 명의 교원이 보통학교 6년 과정을 가르쳤는데, 그 가운데 한 명이 고려공산청년회의 평안남북도책으로 활약했던 강기보였다. 혈혈단신의 고아 출신이었던 강기보는 평양고아원 총무로 있던 1926년 편리화직공조합 창립발회식에서 행한 '불온' 축사로 징역 6개월을 언도받았다. 그리고 제3차 조선공산당사건 직후 러시아로 망명하여 공산대학을 마치고 1930년 다시 국내에 잠입했다가 체포되어 2년의 형을 받았다. 옥중에서 건강을 잃은 그는 출옥 2년 뒤인 1935년 처가인 황해도 배천에서 요양 중 마침내 세상을 떴다.

고당은 평양고아원에 직접 간여하지는 않았다. 그러나 평양고아구제회 및 고아원의 설립 발기와 재단법인 설립을 위한 각종 회의가 평양YMCA에서 열린 데서 살필 수 있듯이, 음으로 양으로 그 사업을 지원하고 보살폈다. 평양고아원은 평양YMCA를 무대로 해서 민간 차원에서 조선인사회의 힘을 모아 자체적으로 벌인 첫 사회사업이라는 점에서 각별한 의미가 있었다.

백선행기념관의 건립

평양과 개성은 일본이 한국을 강제 병합한 뒤에도 일본인이 맥을 못춘 대표적인 도시였다. 그런 평양이었지만 문화시설 면에서는 일본인의 신시가지와 조선인의 구시가지 사이에 현격한 격차가 있었다. 평양시 인

평양 공당 건립에 거금을 기부한 백선행 여사

구의 5퍼센트에 불과한 신시가지의 일본인이 일간신문을 두 개나 발행하고 공회당으로 평양상업회의소 건물을 쓰며 문화생활을 누린 데 비해, 구시가지의 조선인들은 아무 것도 없었다. 지역신문은 일제 당국의 견제가 심해 언감생심이었고, 집회나 공연도 교회나 학교의 빈 시간을 이용해 갖는 게 고작이었다. 그래서 조선인들이 자유롭게 집회를 갖고 문화공연도 할 공회당의 건립이 평양 조선인사회의 당면 현안으로 등장하였다. 이때 평양사회의 숙원사업인 공회당의 건립을 위해 14만 6천 원이라는 거액을 쾌척한 독지가가 나타났는데, 80세의 백선행이라는 과부가 그 주인공이었다.

1925년에 들어 평양사회에는 잔잔한 감동의 물결이 일었다. 백선행이 교육사업을 위해 광성학교에 무려 13만 원어치의 땅을 기부한 데 이어, 숭현여학교에도 3만 원어치의 땅을 기부한 때문이었다. 보통 여인네의 키에 둥근 얼굴을 하고 두건을 두른 머리에 다소 비대한 몸집을 가진 백선행의 선행에 사람들은 박수갈채를 보냈다.

백선행은 1849년 평양 중성中城의 한 가난한 가정에서 태어나 일곱 살 때 아버지를 여의고 홀어머니 밑에서 어린 시절을 보냈다. 열네 살에 출가하였으나, 병약한 남편 안재황은 2년 뒤 세상을 뜨고 말았다. 열여섯에 과부의 몸이 되어 친정으로 돌아온 백선행은 홀어머니와 함께 고적한 생활을 하며 억척으로 돈을 모았다. 청대치기(염료의 일종)와 간장장사, 콩나물장사, 베짜기, 삯바느질 등 안해본 것이 없었다. 모녀가 헐리띠를 졸라매고 노력한 결과 10년 뒤 150냥짜리 집 한채와 현금 1천여 냥이 모였다. 그런데 구차한 살림살이를 면할 따쯤 어머니가 세상을 떴다. 슬픔은 거기서 그치지 않았다. 상여 뒤를 따를 아들이 없다하여 데려온 양자가 집 한 채만 남겨놓고 그동안 두 모녀가 모아놓은 재산을 모두 빼앗아간 때문이었다. 백선행은 출가외인이니 재산은 당연히 양자가 상속해야 한다는 것이었다.

이렇게 10년 고생해 얻은 재산과 어머니를 한꺼번에 잃고도 20대의 어린 과부는 낙심하지 않았다. 백선행은 전보다 더한 절약과 억척으로 돈을 모아 10년 뒤에 50여 석을 추수하는 땅을 다련하였다. 백선행이 땅을 사서 재산을 늘리는 데 재미를 붙일 때쯤, 이번에는 탐관오리와 강도가 그녀의 재산을 노렸다. 그러나 백선행의 극성을 이기지는 못했고, 그 뒤로 재산은 더욱 불어 50세 전후에 백선행은 '부자 백과부'로 불리게 되었다.

이 무렵 간교한 토지 거간꾼 하나가 찾아와 백선행의 재산을 가로채려 하였다. 평양 근교 만달산 일대의 땅을 누가 팔겠다고 내놓았는데 괜찮은 곳이니 부인이 사라는 것이었다. 만달산은 평양 시내에서 동쪽으로 50리 떨어진 강동군 승호리라는 곳에 있는 불모지였다. 나무 한 그루 제대로 나지 않아 평당 시가가 2~3전에 불과한 이 박토를 백선행은 평당 무려 7~8전씩 주고 속아서 샀다. 20여 년의 근검저축이 허사로 돌아가는 참혹한 순간이었다. 백선행은 아무것도 할 수 없는 그 땅을 그냥 묵혀 둔 채 몇 해를 지냈다.

그런데 뜻하지 않은 행운이 다가왔다. 어느 날 일본인이 보내서 왔다는 한 토지 거간꾼이 백선행을 찾아왔다. 그 땅을 사겠다는 것이었다. 이상한 낌새를 챈 백선행이 선뜻 땅을 팔려하지 않자, 그 일본인은 평당 70~80전의 높은 가격을 제시하였다. 이렇게 해서 백선행은 재산을 무려 10배로 늘릴 수 있었다. 백선행의 나이 환갑 무렵 때의 일이었다. 나중에 알고보니 그 쓸모없던 땅은 시멘트 원료가 나는 돌산이었고, 그 땅을 산 것은 일본 오노다小野田 시멘트 공장이었다.

이제 백선행은 수십만 원의 재산가가 되었지만, 고리대금업에는 일체 손을 대지 않았으며, 근검절약하는 평소의 생활습관을 바꾸지도 않았다. 대신에 "자손도 일가친척도 없는 처지이니 생전에 좋다는 사업에나 썼으면 좋은 일 아니겠나"해서 사회사업에 눈길을 돌렸다. 1914년 대동군 용산면에 객산교라는 다리를 가설하는 데 3천 원을 기부하는 것으로 시작된 백선행의 선행은 1925년 광성학교와 숭현여학교에 거액의 기부를 하면서 평양 장안의 화제가 되었다.

백선행기념관의 설립을 두고 항간에는 고당이 공회당을 짓기 위해 3~4년 동안 매일 아침 백 여사를 찾아 문안을 드렸고, 그 정성에 감동한 백 여사가 거금을 희사하였다는 풍설이 떠돌았다. 그러나 그것은 과장된 풍설로 사실이 아니었다. 고당은 1925년부터 1926년 여름까지 오산학교의 세 번째 교장을 맡아 평양을 떠나 있었다. 고당과 백선행 여

백선행기념관에서 고당의 주례로 진행된 결혼식 기념사진

사 사이에 공회당 건립 이야기가 오간 것은 그당이 평양으로 돌아온 1926년 가을 무렵으로 보인다. 평양 박구리 백선행 여사의 집에서 재산 관리를 담당하던 최경렴이라는 이가 고당을 찾아와 백 여사가 자신의 재산으로 사회사업을 하고 싶어 하는데 무슨 사업이 적당하겠냐고 물어온 것이다. 고당은 오윤선 장로를 비롯한 유지들과 상의하여 공회당을 세우자는 데 의견을 모으고 백 여사의 찬성을 얻었다.

고당의 권유를 받은 백선행은 곧바로 공회당 부지로 채관리에 있는 대지 329평의 땅을 1만여 원에 사들인 다음 건물 공사비와 내부 설비비로 다시 5만 원을 기부하였다. 공회당의 이름은 '백선행기념관'으로 정하였는데, 1927년 3월 공사에 착수하여 이듬해 말 웅장한 화강석 석조 3층의 공회당을 완공하고, 1929년 5월 천여 명의 내빈이 모인 가운데 고당의 사회로 성대한 개관식을 거행하였다. 대동강을 옆에 끼고 대동문, 연광정과 솥발의 형세를 이룬 백선행기념관은 순돌로 지은 건물로는 평양에서 처음이었다. 연건평 324평의 3층 건물에는 1,200명을 수용할 수 있는 대강당이 들어섰다.

고당을 비롯한 평양의 유지들은 백선행 여사가 공회당 건립 후 추가로 기부한 8만 6천여 원의 기금을 더해 백선행기념관의 재단법인 설립을 추진하여 1930년 8월 인가를 받았다. 재단법인의 이사장에는 백선행 여사가 추대되었다. 고당과 함께 이사로 선임된 최경렴은 가족과 함께 백선행기념관 관리사무소로 거처를 옮기고 공회당 관리에 전력을 기울였다.

백선행 여사는 공회당을 세운 뒤에도 고당의 제의에 따라 남은 재산을 교육사업에 기부하였다. 1928년 대동군 용산의 장로교회에서 경영하는 창덕학교에 6천여 원어치의 밭을 기증하였고, 1930년에는 숭인상업학교의 재단설립 기금으로 1만 3천 원을 기부하였다. 자손이 없는 백선행 여사가 수많은 학생들을 자신의 자식으로 삼은 셈이었다. 그녀는 학생들과 자주 이야기를 나누었는데, 그때마다 근검절약하는 생활을 강조하였다. 1933년 5월 85세의 나이로 세상을 뜰 때까지 그녀는 무려 35만 원이라는 거액을 사회사업에 바쳤다. 그녀가 죽자 평양 사회에서는 오윤선을 위원장으로 하는 장의위원회를 구성하여 사회장으로 성대하게 장례를 치러주었다.

백선행기념관은 개관 이후로 각종 집회와 공연을 개최하며 평양 조선인사회의 여론의 광장이 되었다. 백선행이라는 한 개인의 독지가 결정적이기는 했지만 순수하게 민간의 힘을 모아 세운 공회당이라는 점에서 백선행기념관에 대한 평양사람의 자부심 또한 대단했다. 8·15 해방 직후 고당을 위원장으로 하여 발족한 평안남도 건국준비위원회가 백선행기념관에 본부를 둔 사실은 이 공회당이 평양 사회에서 차지하는 상징성이 어느 정도였는지를 보여주는 단적인 지표였다.

인정도서관의 설립

백선행기념관의 설립으로 불이 붙은 조선인사회의 공공사업은 인정도서관의 설립으로 이어졌다. 민간 공회당에 이은 민간 도서관의 설립은 평양 신창리에 사는 기생 출신의 사회사업가 김인정 여사가 자신의 재산 8만 5천 원을 기금으로 내놓음으로써 이루어졌다.

김인정 또한 백선행처럼 불행한 초년을 보냈다. 그녀는 기생 출신으로 한때 대한제국의 육군 참령(현재의 소령)을 지낸 정관조와 동거생활을 하였으나 그 뒤에 고독한 반생을 보냈다. 기생으로, 첩으로 눈물겹게 재산은 모았지만 슬하에 한 점 혈육이 없었던 탓이었다. 인생의 무상을 느낀 그녀는 유람과 불공으로 고독을 위로하다가 50대에 들어 사회사업에 힘을 썼다.

1922년 평양고아원에 현금 1천 원을 기부한 것을 시작으로, 1924년에는 예전 대성학교의 재건을 목표로 발족한 평양 동명학원에 시가 수

천여 원에 상당하는 땅을 기증하였고, 1925년에는 간도 용정 동흥중학교에 1천 원을 기부하였다. 또한 1928년 5월 대동군 용산면 구촌리 일대에 화재로 30여 호가 전소되는 피해를 입었을 때는 5백여 원을 희사하여 재난을 당한 150여 명의 주민을 구제하였으며, 1930년에는 숭인상업학교에 2천 원을 기부하였다.

고당과 김인정 여사 사이에 도서관 설립에 대한 이야기가 오가게 된 것은 김 여사의 조카뻘되는 오경숙이 다리를 놓으면서였다. 오경숙은 보성중학교를 2년 중퇴한 뒤 평양에서 미곡상·포목상 등을 하다가 1924년부터 대성사직조소라는 양말공장을 경영하고 있었다. 그는 조선물산장려회의 재무책임을 맡아 고당을 도왔으며, 수양동우회의 핵심 회원이기도 했다. 김인정 여사가 백선행 여사같은 사회사업을 하고 싶다는 의향을 보이자, 오경숙은 고당의 자문을 받도록 했다. 그리고 고당의 뜻에 따라 인정도서관이 설립된 뒤에는 이사의 한 사람으로 재단상무의 일을 보았다.

인정도서관의 설립작업은 김인정 여사가 자신의 재산의 절반이 넘는 8만 5천 원의 거액을 희사하면서 시작되었다. 고당은 동으로는 대동강과 능라도를 눈아래 놓고 대동평야를 내다보며, 서로는 보통평야를 바라다보는 만수대 밑 창전리에 650평의 도서관 기지를 마련하고, 1930년 10월 1만 3천 원의 돈을 들여 공사에 착수하였다. 공사와 더불어 도서관에 비치할 서적을 구입하기 위해 일본에 사람을 파견하고, 일반에 광고하여 도서를 기증받는 작업이 병행되었다. 공사는 순조롭게 진행되어 1년 만에 연건평 215평의 2층 벽돌 건물을 완공하고, 1931년

12월 3일 개관식을 거행하였다. 각 방면 유지와 부녀 3백여 명이 참석한 가운데 열린 인정도서관의 개관식은 오윤선의 사회로 관주 김인정 여사의 예사, 고당의 식사, 윤주일의 경과보고, 노진설의 건축경과보고, 초대 관장 정두현의 사업계획보고에 이어 사회와 관변 인사의 축사로 끝을 맺었다.

고당은 백선행기념관 건립 때와 마찬가지로 김인정 여사가 기부한 8만 5천 원을 기본금으로 하여 인정도서관의 재단법인을 설립하였다. 인정도서관의 열람실 수용인원은 2백 명이었는데, 개관후 연일 대만원의 성황을 이루었다. 개관 1년 동안의 열람도서수가 8만여 책, 열람인원이 4만 7천여 명에 이르러 평양사회의 도서관 수요가 그만큼 컸음을 증명해주었다. 이듬해에는 열람자수가 6만여 명으로 더욱 증가하였다. 도서기증도 잇따라 동아일보사에서는 창간 이후 13년 동안 발행한 자사의 신문을 하루치도 빼지 않고 기증하기도 하였다. 열람자 수가 날로 늘어나자 김인정 여사는 1937년 3만원을 추가로 들여 본관 옆에 별관을 신축하였다. 3층 벽돌로 된 별관 건물의 1층은 열람객 휴게실, 2층은 향토문화연구실과 아동실, 3층은 5백 명 수용 규모의 강당으로 각각 사용되었다.

인정도서관은 당시 총독부 도서관을 제외하고 조선사람이 경영하는 민간도서관으로는 가장 큰 규모를 자랑하였다. 도서관은 문화보급에 학교 못지않은 중요성을 갖는 종합 문화의 전당이자 문화의 보고인데, 그같은 문화기관을 나라 없이 조선인사회의 힘으로 그것도 한 여성의 독지로 세웠다는 것은 분명 평양의 자랑이 아닐 수 없었다. 조선도서관은

동의 봉화를 올린 인정도서관은 백선행기념관과 함께 평양 구시가 조선인의 문화 향상에 많은 도움을 주었다. 그러나 해방이 되면서 소련군의 문화사령부로 변하고 말았다. 1935년 대동군 한천에 다리를 놓는 데 1천 수백 원의 경비를 대는 등 도서관 설립 이후에도 사회사업에 자신의 재산을 아낌없이 내놓았던 김인정 여사는 6·25전쟁 때 칠순이 넘은 노구를 이끌고 피난차 대동강을 건너 중화까지 갔다가 거기서 세상을 떠났다.

이처럼 고당은 자신이 직접 나서서 또는 뒤에서 고아원과 공회당, 도서관의 설립 같은 사회사업을 민간 차원에서 조직해내며 평양 조선인사회의 시민사회적 기틀을 다졌다. 나라를 잃어 입법·사법·행정권은 없었지만, 국가의 세금이 아닌 민간의 의연금을 조직하여 조선인의, 조선에 의한, 조선인을 위한 시민사회를 만들어간 것이다.

관서체육회의 조직

고당은 날파람의 명수로, 평양 석전의 열렬한 응원꾼으로, 높이뛰기 선수로 어려서부터 체육에 남다른 열의를 보였다. 나이가 들며 그런 거친 기질을 밖으로 드러내지는 않았지만, 스포츠에 대한 열정은 식을 줄 몰랐다. 그래서 평양YMCA 총무로 있으면서 지역사회의 힘을 모아 관서체육회를 설립하는 데 많은 노력을 기울였고, 뒤에 회장을 맡아 체육을 보급하고 장려하는 데 앞장섰다. 건강한 신체에 건전한 정신이 깃든다는 평소 소신에서, 체육을 통해 조선인의 체력을 증진하고 단결력과 민

관서체육회 회장 시절 조선축구대회 우승기 수여장면

족의식을 키우려 한 것이다.

관서체육회는 평양을 중심으로 한 관서지방의 체육 장려를 목적으로 1925년 2월 평양YMCA 회관에서 창립총회를 개최하였다. 평양YMCA를 모체로 설립된 관서체육회는 실행부서로 서무부·축구부·정구부·야구부·육상경기부·빙상경기부·배구 및 농구부를 두고, 초대 회장에 정세윤을 선임하였다. 고당이 오산학교의 세 번째 교장을 맡아 막 평양을 떠나려 할 즈음이었다.

관서체육회는 서울의 조선체육회와 연락을 취하는 한편으로, 그 존재를 전 조선에 알리기 위한 첫 사업으로 동아일보·조선일보·시대일보 평양지국의 후원을 받아 1925년 5월 7일부터 3일간 제1회 전조선축구대회를 평양 광성고보 구장에서 개최하였다. 20개 단체가 참가하여 소학단, 중학단, 청년단으로 나뉘어 경기를 벌인 대회는 비가 내리는 가운데도 무려 1만여 명의 관중이 운집하는 성황을 이루었다. 이후 관서체육회는 매년 정례적으로 전조선축구대회를 개최하여 체육회를 대표하는 사업으로 발전시켰다.

전조선축구대회에 이어 관서체육회는 6월에 조선여자정구대회를 개최하였고, 11월에는 숭인학교 운동장에서 시민 유지와 공동주최로 제4회 평양시민대운동회를 개최하였다. 시민대운동회는 기존에 시민 유지들이 주최해오던 것을 관서체육회의 사업으로 이관한 것이었다. 관서체육회의 회원수는 1926년 현재 130여 명에 이르렀다.

관서체육회는 축구 이외에도 빙상경기와 정구경기를 전조선대회로 개최하여 활동의 폭을 넓혔다. 1927년 1월 대동강 연광정에서 제1회 전조선빙상경기대회를 개최하여 연례행사로 정착시켰고, 1928년 6월 제1회 전조선남녀정구대회를 개최하여 또한 연례행사로 발전시켰다. 그리고 1928년 11월에는 평양 종로공보 구장에서 조선에서는 처음으로 탁구대회를 개최하기도 하였다.

고당은 1931년 3월 정기총회를 통해 정세윤, 이용석에 이은 관서체육회의 제3대 회장으로 취임하였다. 부회장에는 조종완, 상무이사에는 김병연이 선임되었는데, 두 사람은 모두 도산 안창호가 세운 흥사단의 국내조직인 동우회의 중진이었다. 고당이 회장에 취임한 이후 관서체육회는 한층 활기를 띠었다.

전조선씨름대회 광경

　기존의 전조선축구대회·빙상경기대회·정구대회 이외에 종목별 대회로 씨름대회와 수영대회를 신설하였고, 종합체전인 관서체육회 체육대회를 새롭게 개최하였다. 전조선씨름대회와 전조선수영대회는 1931년 6월과 9월 각각 제1회 대회를 개최한 이래 연례행사로 정착되었다. 관서체육회 체육대회 또한 1931년 10월 기림리 평양공설운동장에서 5개 중등학교 1백여 명의 선수가 참가한 가운데 제1회 대회를 가진 이후 연례행사로 자리를 잡았다. 육상경기부·농구부·배구부로 나뉘어 열린 제

1회 대회에서 육상은 양정고보, 농구는 숭실중학, 배구는 숭인상업이 각각 우승을 차지하였다. 1932년 10월 제2회 대회부터는 규모를 한층 확대하여 여자부·남자중학부·남자청년부로 나누고, 여자부는 정구 농구 배구, 남자중학부는 농구 배구 육상, 남자청년부는 정구 육상 종목에서 각각 대항경기를 펼쳤다. 이 밖에 1931년 6월 8일부터 6일간에 걸쳐 평양농구연맹전을 개최하였고, 전조선축구대회 또한 기존의 소학단·중학단·청년단 대항전에 실업단을 가세시켜 규모를 확대하였다.

고당은 일반 시민의 보건증진에도 많은 관심을 갖고, 이른 아침에 산보를 하며 일정한 체조를 규칙적으로 하여 일반 민중의 보건운동에 공헌하자는 취지로 조기체조회를 발기하였다. 기존에도 이른 아침 모란봉 일대를 산보하는 행렬이 있었는데, 이를 좀 더 조직화하여 단체훈련을 가미하자는 것이었다. 그리하여 1932년 2월 관서체육회 사업으로 일반 시민 대상의 동명체조단을 조직하고 음력 설날부터 매일 아침 7시 서묘 동편 광장에 모여 15분간 체조를 하고 구보로 을밀대까지 가서 해산하는 프로그램을 진행하였다. 그 뒤로도 고당은 아침 대여섯시에 일어나 집에서 대동강을 따라 부벽루 아래 길로 영명사를 거쳐 을밀대로 해서 한 바퀴 돌아 다시 부벽루 위 길을 지나 돌아오는 아침 산책을 즐겼다.

또한 여름철 건강을 위해 일광욕 수영강습 프로그램을 대동강에서 관서체육회 주최로 개설하였는데, 일반 가정부녀와 여학생의 신청이 쇄도해 당초 남자부만 하려던 계획을 변경하여 여자부까지 확대 시행하였다. 이 밖에도 1932년 11월 제1회 관서야구대회와 제1회 전조선남녀탁구대회를 관서체육회 주최로 광성고보 구장과 운동실에서 각각 개최하여 종목별 경기를 더욱 활성화하였다.

고당은 체육을 좋아하고 청년들의 용감무쌍한 기개를 사랑했다. 그래서 1931년 관서체육회의 회장을 맡아 1937년 9월 물러날 때까지 축구·빙상·정구·씨름·수영·탁구 등의 종목별 전국대회와 종합체육대회를 개최하고, 사회체육을 활성화하면서 조선인사회의 힘을 기르는 데 힘썼다. 고당은 실업과 교육, 체육 증진을 통한 시민사회의 인프라 구축을 독립국가 건설의 기초로 삼았는데, 관서지방 유일의 체육단체인 관서체육회는 그러한 구상의 한 축을 이루었다.

숭인상업학교의 경영

고당은 일본 유학에서 돌아와 오산학교의 교사와 교장으로 세 차례에 걸쳐 9년간을 봉직할 정도로 교육에 남다른 열정을 가지고 있었다. 1923년 3월 조선민립대학기성회가 창립되자 중앙집행위원 겸 지방순회위원으로 평양YMCA 사무실에 간판을 내걸고 평안도 일대를 누비며 선전강연과 모금운동에 여념이 없었던 그였다. 그러던 고당이 생활과 실업에 직접 활용할 수 있는 실업교육에 주목한 것은 물산장려운동을 벌이면서였다. 고당은 상공업의 진흥을 위해 기술인력을 양성할 상공학교와 도제학교의 설립을 구상하였고, 부족하나마 재정난에 빠진 숭인중학교를 상업학교로 변경해서 그 뜻을 이룰 수 있었다. 고당은 숭인상업학교의 설립 또한 평양 조선인사회의 힘을 조직해서 이루어냈다.

숭인중학교는 기독교계 학교였지만, 서양 선고사의 도움 없이 순수한 조선인의 힘으로 운영하던 평양 유일의 중등교육기관이었다. 숭인중학교의 경영주는 평양 장로교회의 조선인 곧 평양 도제직회였다. 평양 도제직회는 숭인중학교 뿐만 아니라 평양에서 가장 오래된 초등교육기관인 숭덕학교와 숭현여학교도 경영하고 있었다. 고당이 숭인중학교와 관계를 맺은 것은 1927년 재정난에 빠진 이 학교의 교장에 부임하면서부터였다. 당시 고당은 오산고보의 교장 직을 사임하고 평양으로 돌아와 마펫 선교사의 초빙으로 숭실전문학교에서 법제와 경제를 가르치고 있었다.

숭인중학교가 장대현교회 옆에 위치한 숭덕학교 고등과에서 분립하여 신교육령에 의한 5년제 중등학교로 새롭게 출발한 것은 1923년 4월의 일이었다. 평양 경상리에 2만 8천여 원을 들여 320여 평의 3층 벽돌 교사를 신축한 숭인중학교는 1925년 3월 제1회 졸업생을 배출하고, 재단법인의 설립을 목표로 오윤선·김동원·한윤찬·이춘섭 등 장로교계 인사들의 의연금을 모집하였다. 그리고 7천 5백 원을 들여 박물표본을 구입하고, 교원의 2/3 이상을 유자격 교원으로 초빙하며 맹렬하게 고등보통학교에 준하는 총독부 지정학교 승격운동을 벌였다. 그러나 경비 부족으로 재단법인의 설립이 좌절되면서 숭인중학교는 빚더미에 앉고 말았다.

고당이 정두현 전임 교장에 이어 숭인중학교의 교장으로 부임한 것은 이렇게 학교가 재정난에 빠졌을 때였다. 1926년 9월 현재 숭인중학교는 숭덕학교 고등과 시절까지 모두 13회에 걸쳐 550명의 졸업생을 배출하고, 216명의 학생이 재학중이었다. 고당은 교장으로 있으면서 1927년 한 해 동안 재정과 기타 여러가지를 정리하여 경상수지를 맞추었다. 그

고당의 노력으로 결실을 맺은 숭인상업학교

러나 지정학교 인가를 위해 구입한 박물표본 미지급금 2천 5백 원을 포함한 부채 1만 7천여 원은 어찌할 도리가 없었다. 그래서 1928년 3월 평양YMCA에서 열린 평양 도제직회에서 학교 문을 닫고 재정을 정리하여 부채를 상환하는 문제가 논의되기에 이르렀다. 도제직회는 갑론을박 끝에 이 문제를 표결에 붙여 존속 43표, 폐쇄 37표로 일단 학교를 존속시키기로 결정을 보았다.

이처럼 재정난으로 미궁에 빠진 숭인중학교 문제에 돌파구를 마련한 것이 상업학교로의 전환이었다. 평양에 아직 상업학교가 없는 상황에서 숭인중학교의 상업학교로의 변경은 실업교육의 진흥을 위해 매우 적절한 조치라 하여 일반의 많은 호응을 받았다. 이에 1930년 3월 소집된 평양 도제직회는 도 당국에 5년제 갑종 상업학교 인가원을 제출하기로 가결하였다. 4월에 인가원이 받아들여짐에 따라 숭인중학교는 숭인상업학교로 면모를 일신하고, 1학년생 100명을 갑종 상업학교 자격으로 받아들였다. 내친 김에 고당은 설립자 오윤선 장로와 상의하여 현 재산 12만 원에 8만 원을 더 모금해 20만 원의 재단법인을 설립하기로 하고 모금운동에 들어가 1930년 한 해동안 3만여 원의 기부금을 모집하였다.

고당이 숭인상업학교 설립계획을 실현하는 데 결정적인 도움을 준 것은 설립자 오윤선 장로와 고당의 뒤를 이어 교장으로 1928년 10월부터 1937년까지 10년간을 봉직한 김항복 두 사람이었다. 고당은 이 두 사람을 앞세우고 뒤에서 실질적인 경영자가 되어 학교를 이끌어나갔다. 오윤선은 물산장려운동 이래 고당의 오랜 동지였고, 김항복은 고당이 오산학교에서 친히 가르친 제자였다.

고당이 '청년 디모데'와 같은 교육자라 하여 친애해 마지 않았던 애제자 김항복은 평안북도 곽산 출신으로, 1917년 오산학교를 마치고 일본으로 유학하여 도쿄 와세다대학 전문부에서 경제학을 전공하였다. 1923년 3월 와세다대학을 졸업하고 귀국한 김항복은 오산학교 시절의 은사인 고당의 주선으로 한동안 평양 숭실전문학교에서 교편을 잡았다. 평양에서 동우구락부−수양동우회에 가입하여 활동하던 그는 호주 장로회 선교부에서 경영하는 마산 호신중학교의 초빙을 받아 1년여를 봉직한 뒤, 다시 고당의 부름을 받고 평양으로 와 1928년 10월 31세의 젊은 나이에 숭인중학교의 교장에 취임하였다.

교장으로 부임한 김항복은 학교가 당면한 재정난을 타개하는 데 발벗고 나서는 한편으로, 고당의 숭인상업학교 설립구상을 실행에 옮겨나갔다. 그러한 노력으로 숭인학교는 1930년 4월 갑종 상업학교 인가를 받을 수 있었다. 이후 김항복은 학교의 내실을 기하는 데 주력하여 1932년 가을, 근방의 학교 기지 8백여 평과 운동장 1천 3백여 평을 2만여 원에 사들이고, 1934년 5월 공사비 1만 5천 원을 들여 대강당을 신축 낙성하였다. 또한 졸업생의 취업 알선에도 동분서주하여 1935년 3월 배출한 첫 졸업생의 반수 이상을 취직시키는 성과를 거두었다. 구체적으로 이해 졸업생 104명 가운데 은행·세무국·만주국세관·기타 관공서와 회사에 취직이 결정된 자가 29명, 금융조합·백화점·기타 회사에 조만간 취직이 결정될 자가 30명, 상급학교 진학이 22명, 가사 종사가 23명이었는데, 이 같은 수치는 관공립학교 출신의 취직율을 뛰어넘는 것이었다.

김항복 교장은 여기서 한걸음 더 나아가 고등상업학교 증설계획을 세우고, 동평양 교외에 과수원 2만 평을 신설할 학교 부지로 사들이는 등 그 준비에 착수하였다. 그러나 호사다마라고 1937년 중일전쟁이 터질 무렵 발생한 동우회사건으로 도산 안창호를 비롯한 김동원·김병연·김성업·조명식·노진설 등과 함께 교장 김항복이 피검됨으로써 그 계획은 수포로 돌아가고 말았다.

고당은 숭인상업학교의 실질적 경영자로서 물심양면으로 교장 김항복을 뒷받침하였다. 순전히 조선인의 재정으로 운영하는 전 조선 유일의 갑종 상업학교로서 숭인상업학교가 발전을 거듭하며 교세를 떨칠 수 있었던 것은 교장 김항복의 열성과 고당의 자상한 지도, 그리고 설립자 오윤선의 든든한 후원이 있었기 때문이었다. 고당은 김동원 오윤선 등 평양 조선인사회의 유지들과 힘을 합쳐 설립한 평양상공협회, 관서협동조합경리사와 더불어 숭인상업학교를 조선인에 의한 민족경제건설운동의 전진기지로 만들어 나갔다.

민족의 대동단결을 위하여

민족협동전선 신간회

인화의 사람 고당은 민족의 대동단결을 이루는 데도 많은 노력을 기울였다. 일본유학 시절 그는 장로교와 감리교로 나뉘어 따로 예배를 보던 기독교 신자들을 설득하여 장·감 연합의 도쿄 한인교회를 설립하였고, 출신지방별로 나뉘어 있던 유학생 사회를 통합하여 조선유학생친목회를 출범시켰다. 또 평양YMCA 총무로 있으면서는 인화의 정신으로 조선인사회를 하나로 묶어 시민사회의 인프라를 구축하는 데 앞장서기도 하였다. 민족의 인화 단결에 대한 고당의 그 같은 신념은 1927년 '비타협적' 민족주의자와 사회주의자 사이에 계급과 이념을 뛰어넘는 민족협동전선으로 신간회가 출범할 때 다시 한번 빛을 발했다.

조선사회에 사회주의 사조가 들어오기 시작한 것은 3·1운동 이후부터였다. 3·1운동이 목적한 바를 이루지 못하고 끝나자 우파 민족주의자들은 장기적 안목에서 물산장려운동·민립대학기성운동같은 실력양성운동을 전개하였고, 좌파 청년들은 민족운동의 새로운 대안으로 사회주의를 받아들였다. 처음에 서울청년회·화요회·북풍회 같은 사상단체의 사상운동으로 시작된 사회주의운동은 물산장려운동 논쟁을 거치며 노동운동·농민운동·청년운동·학생운동·여성운동·형평운동 등을 아우르는 대중운동으로 발전하였다. 그리하여 1924년에 조선청년총동맹과 조선노농총동맹 같은 사회주의 계열의 전국적 대중운동단체가 출범하였고, 이듬해에는 비합법 전위정당인 조선공산당이 비밀리에 결성되기에 이르렀다.

이처럼 1920년대 전반 민족운동이 이념과 노선에 따라 분화하는 가운데, 민족 역량의 통일에 대한 여망도 높아져 갔다. 우파 민족주의와 사회주의는 일제로부터 민족의 해방을 추구한다는 점에서는 공통분모를 가지고 있었지만, 이후 건설할 독립국가의 모습에 대해서는 생각이 서로 달랐다. 우파 민족주의자들이 미국과 같은 자유민주주의 국가를 건설하려 한 데 대해, 사회주의자들은 소련과 같은 사회주의 국가를 건설하려 하였기 때문이다. 그러나 두 세력이 힘을 합치지 않으면 민족의 해방조차 요원한 게 당시의 현실이었다. 때마침 중국에서는 1924년 제1차 국공합작이 성립되어 국민당과 공산당이 민족통일전선을 형성하고 있었다.

중국의 국공합작과 같은 민족주의 세력과 사회주의 세력의 합작 시도는 1926년 6·10만세운동을 통해 처음 그 모습을 나타냈다. 1926년 4월 대한제국의 마지막 황제 순종이 승하하자, 조선공산당계 고려공산청년회의 사회주의자들이 사회주의·민족주의·종교계·청년계의 혁명분자를 망라하여 '대한독립당'을 조직하고, 6월 10일 장례일을 기해 3·1운동 때와 같은 대대적인 독립만세 시위운동을 벌일 계획을 세운 것이다. 그러나 이 계획은 격고문과 전단을 모두 인쇄해 놓은 상태에서 거사를 3일 앞두고 일제 경찰에 발각되고 말았다. 그리하여 6월 10일 당일에는 학생들을 중심으로 서울 시내 여덟 곳에서 산발적인 만세시위가 벌어지는 데 그쳤다. 비록 일제의 엄중한 사전 경계로 무산되기는 했지만, 사회주의자와 민족주의자가 이념을 초월해 민족해방을 위해 함께 힘을 모았다는 점에서, 6·10만세운동은 이후 민족협동전선운동에 소중한 밑거름이 되었다.

신간회 창립총회 보도기사

민족협동전선 신간회의 결성 움직임이 본격화한 것은 일제가 자치론을 앞세워 민족분열 공작에 나서면서였다. 1924년 1월 이광수가《동아일보》에〈민족적 경륜〉이란 논설을 발표하면서 모습을 드러낸 자치론은

신간회 초대 회장 월남 이상재

일본의 식민지배를 인정하는 범위 내에서 '조선의회'를 구성하여 자치를 함으로써 장차 독립할 실력을 기르자는 주장이었다. 이에 대해 여론의 거센 반발이 일어나 동아일보 불매운동으로까지 번지자 자치론은 한동안 자취를 감추었다. 그러다가 1926년 후반 사이토 총독의 정치고문인 아베阿部充家가 나서 자치론에 호의적 입장을 가진 천도교 신파의 최린과 김성수·송진우 등 동아일보 그룹을 부추기면서 다시 여론의 도마에 올랐다.

이른바 '타협적' 민족주의자들은 자치운동 조짐에 맞서 자주독립의 원칙을 분명히 하기 위한 '비타협적' 민족주의자와 사회주의자 사이의 공동전선 결성 움직임은 1926년 12월 오산고보 교장 홍명희와 조선일보사 간부 신석우, 안재홍의 회합을 통해 그 전기를 마련하였다. 이를 계기로 1927년 1월 조선일보계·기독교계·천도교 구파·불교계·사회주의계 인사를 망라한 신간회가 발기되어, 2월 15일 서울 중앙YMCA 회관에서 창립총회를 개최하기에 이르렀다. 신간회는 '우리는 정치 경제적 각성을 촉진함', '우리는 단결을 공고히 함', '우리는 기회주의를 일체 부인함'이라는 3대 강령을 발표하였다. 그것은 기회주의적 자치운동을 일체 부인하고, 자주독립을 목표로 공고한 단결을 이루어, 선명한 민족적 정치투쟁을 전개하겠다는 선언이었다.

신간회의 초대 회장에는 월남 이상재가 추대되었고, 부회장은 천도교 구파의 중진 권동진이 맡았다. 신간회 회장 이상재는 중앙YMCA 총무, 조선YMCA연합회 회장, 조선교육협회 회장, 조선일보 사장 등을 역임한 기독교계의 중진이자 민족운동의 원로였다. 고당과는 YMCA 활동과 민립대학기성운동을 통해 가까워졌는데, 회장을 맡은 지 한 달 만에 병석에 누워 78세를 일기로 세상을 떠나고 말았다. 그의 장례는 조선 최초의 사회장으로 치러졌다.

신간회창립 기념 삽화

그런데 일제 당국의 허가를 받고 창립된 합법단체였던 관계로, 신간회는 창립 당시부터 일제의 심한 감시와 간섭을 받아 언론·출판·집회·결사의 자유 보장, 치안유지법의 폐지, 조선인 착취기구의 철폐, 일본인 이민정책 반대, 조선인 본위의 교육 실시와 같이 당초 목표했던 민족적 정치투쟁을 제대로 수행할 수 없었다. 때문에 신간회의 활동은 지회를 중심으로 전개될 수밖에 없었다. 신간회 지회는 전국 140여 개소에 3만여 명의 회원을 확보한 가운데, 지역 사회운동의 구심점 역할을 하였다.

신간회 평양지회의 설립

신간회운동 과정에서 고당은 27인의 창립 발기인의 한 사람으로 참여하는 한편, 평양지회의 회장을 맡아 민족운동 세력을 대동단결에 앞장섰다. 인화를 통한 민족의 대동단결을 평소의 신념으로 갖고 있었고, '유아독청唯我獨淸'이란 말이 나올 정도로 지조를 목숨보다 귀하게 여기는 고당이 비타협 투쟁을 내세운 민족협동전선 신간회에 참여한 것은 새삼스러운 일이 아니었다. 때문에 월남 이상재가 신간회 초대회장으로 누구나 그 적임을 의심하는 이가 없었던 것같이, 평양에 신간회 지회가 창립될 때 고당의 지위를 묻는 사람 또한 없었다.

그러나 신간회 평양지회의 설립은 쉽지 않아 본부가 창립된 지 10개월 뒤인 1927년 12월에야 겨우 설립대회를 개최할 수 있었다. 고당 주변에 김동원을 비롯한 수양동우회 인사들이 다수 포진해 있었는데, 신간회에서 문제삼은 '타협적' 민족운동의 대표적 인물 가운데 하나가 바로 수양동우회의 핵심인 이광수였기 때문이다. 이 때문에 수양동우회 내부에서는 조병옥과 주요한이 이광수의 수양운동 노선에 반기를 들고, 수양동우회를 정치투쟁 단체로 개편할 것을 주장하는 사건이 벌어졌다.

수양동우회의 내분은 중국에 망명 중인 도산 안창호가 1927년 12월 초 수양단체는 그대로 두되 혁명투사의 인격을 훈련하는 기관으로서 그 성격을 더욱 분명히 하고, 정치단체는 별도로 조직하여 다수의 역량을 집중토록 한다는 중재안을 내놓음으로써 일단락되었다. 결국 도산의 중재안에 따라 수양동우회 인사들이 신간회에 조직적으로 참여하기 시작함으로써 그들이 주축이 된 평양지회 또한 설립을 볼 수 있었다. 하지만 평소 고당과 행동을 같이 했던 김동원은 끝내 신간회에 참여하지 않았다.

난산 끝에 1927년 12월 20일 설암리 천도교당에서 설립대회를 가진 신간회 평양지회는 회장에 조만식, 부회장에 한근조를 선출하였다. 민족주의 진영에서는 회장 부회장을 비롯해 김성업·김병연·김봉준·김형식·백응현·우제순·이제학·조종완·주요한 등 수양동우회 인사들과 김건형·김광수·김영기·설명화·오학수·지창규 등이 이름을 올렸고, 사회주의 진영에서는 최윤옥·김구현·김유창·김정덕·임형일 등이 참여하였다. 1928년 1월에는 신간회 자매단체인 근우회 평양지회가 조신성·박현숙 등 기독교계 여성 지도자들을 중심으로 설립대회를 가졌다.

신간회 평양지회의 회원수는 창립 당시 180명에서 1929년 300여 명으로 늘어났다. 그러나 활동은 여타 부문과 달리 부진을 면치 못하였다. 1929년 9월 임원개선, 지회세칙 제정, 분회 및 반 조직, 도연합회 조직, 회관건축, 회보발행 등의 안건처리를 위해 소집된 임시대회가 전체 300여 명 회원 중 37명만이 출석하여 유회될 정도였다. 평양 사회의 주축을 이루고 있던 토착 자본가 계층이 일제가 민족분열정책의 일환으로 던져주는 떡고물에 취해 점차 민족운동 일선에서 떨어져 나간 까닭이었다. 이 무렵 동아일보가 실시한 설문(《동아일보》1930년 4월 4일자)에서, 고당이 평양사회가 당면한 첫 번째 문제로 개인주의가 팽창하여 민족의식이 박약해가는 것을 꼽은 것도 아마 그 때문이 아닌가 싶다.

1930년 2월 평양YMCA가 채관리에서 설암리 123번지로 회관을 이전할 때 평양상공협회와 신간회 평양지회 또한 그곳에 사무실을 마련

신간회 자매 단체인 근우회 강연회 광경

할 정도로, 신간회 평양지회는 우파 세력의 수중에 있었다. 그런데 그해 12월 백선행기념관에서 열린 제4회 정기대회에서 "신간회는 조직 이래 행동강령을 세우지 못하고 대중의 계급의식을 말살할 뿐 아니라 도리어 계급투쟁을 방해하는 폐해가 있으니 해소함이 마땅하다"는 사회주의자들의 신간회 해소론을 표결에 붙인 결과는 찬성 18표, 반대 13표로 해소 지지였다. 해소에 반대한 고당의 주장이 오히려 소수 의견으로 밀려난 이 같은 표결 결과는 대회에 참여한 회원수가 31명에 불과한 데서 알 수 있듯이, 우파 세력 다수가 불참한 때문이었다. 회의 존폐를 결정하는 중요한 자리에 이런저런 핑계로 불참할 만큼 신간회운동에 무관심했던 것

신간회 창립1주년 기념식(1928. 2)

이다.

　이렇게 토착 자본가들이 민족운동 일선에서 떨어져 나가고, 경제 대공황까지 겹쳐 서민생활이 더욱 궁핍해진 변화된 환경 속에서 고당은 자신의 민족운동 구상을 다시금 새롭게 가다듬어야 했다. 그것은 도시 서민과 소농민에 대한 관심으로 나타났다. 고당은 조선물산장려회 설날 선전행렬을 1930년부터 금주단연동맹, 차가인동맹借家人同盟과 공동으로 주관하였다. 그에 앞서서는 차가인동맹이 조직될 정도로 심각해진 평양의 집세 문제를 조사하여 신간회 평양지회 차원에서 집세 인하운동을 전개토록 하였다. 종래 가격이나 품질에 다소 불만이 있더라도 토산을 애용하여 토착 자본가를 보호 육성하자고 했던 데서, 도시서민과 소농민의 생활개선과 안정을 기하고 그들의 권익을 보장하는 데로 운동의 중심을 이동해간 것이다.

아무튼 고당에게 기쁨과 좌절을 안겨주었던 신간회는 1931년 5월 창립대회에 이어 두 번째로 소집된 전체대회가 해소를 결의함으로써 4년여에 걸친 활동을 마감하였다. 신간회 해소론은 1929년 12월 광주학생운동 진상보고 민중대회를 준비하던 허헌 집행부의 주요 간부들이 대거 검거당한 사건 이후 김병로를 중심으로 새로운 집행부가 구성되면서 고개를 내밀었다. 신집행부가 합법운동을 강조하며 소극적 행동으로 일관하고, 때마침 코민테른의 방침이 좌편향의 계급노선으로 급선회한 데서 비롯된 결과였다.

해소론이 지회를 중심으로 널리 확산되자, 고당은 신간회의 해소는 결국 일본만을 이롭게 하는 일이라며 해소론자들을 설득하였다.

> 투쟁에는 완급이란 게 있는데 조급하게 판단해 소부르주아적 집단이니, 적극적 투쟁이 없느니, 노농대중의 투쟁욕을 말살시키느니 하여 무모한 파괴와 분열을 일삼는다면, 결국 일본에게 어부지리를 주는 결과밖에 되지 않습니다. 해소만 고집스럽게 주장하지 말고 우리 내부의 문제는 개혁을 통해 해결합시다.
>
> 과거의 신간회운동에 대한 나의 소견은 이러합니다. 신간회에 대한 일반의 처음 기대가 퍽 컸던 것은 사실입니다. 그렇기 때문에 저간 다소의 투쟁사실이 없지 않았음에도 불구하고 적극적 투쟁이 없었다고 보게까지

된 줄로 압니다. 그러나 말하자면 과거 수년이야말로 선전지도 또는 훈련의 시대로 볼 수밖에 없습니다. 동서고금을 통하여 어떤 운동사를 보던지 단기간에 막대한 성적을 낸 경우는 극히 드문 일이 아닌가 합니다. 그렇다고 하면 신간회는 아직 그마만한 도정에 있다고 보아도 좋을 것입니다. 그러므로 우리는 더욱 공고한 통일로 역량을 집중하여 3년을 날지도 울지도 못하다가 하늘을 찌르며 날아올라 사람들이 깜짝 놀라도록 울어제낀다는 어떤 새와 같이 하도록 합시다.

이처럼 간곡한 설득과 권유도 해소론자들의 다음을 돌리지는 못하였다. 더욱이 그동안 자신을 뒷받침해 주었던 우파 세력의 다수가 민족운동 일선에서 하나둘씩 떨어져 나가자 고당은 역부족을 느낄 수밖에 없었다. 하지만 이후로도 고당은 포기하지 않고 민족 중심기관의 재조직과 민족의 대동단결을 이끌어내는 데 꾸준한 노력을 기울였다.

기독신우회와 농촌연구회

고당은 신간회 평양지회 회장으로 있으면서 신간회에 상응하는 기독교계의 협동전선으로 발족된 기독신우회에도 발기인과 평의원으로 참여하였다. 기독신우회는 정인과·조병옥 등이 안으로 교계 내부를 의식화하고, 밖으로 민족운동의 일역一役을 담당할 목적에서 기독교 사회운동가들을 망라하여 1929년 5월 창립한 기독교계의 전위적 결사체였다. 당시 기독교 사회운동은 관서지방에 근거한 안창호 계열의 수양동우회와

평양 장로교 신학대학

기호지방에 근거한 이승만 계열의 흥업구락부가 양대 산맥을 형성했는데, 이들을 아우르는 조직으로 출범한 것이 바로 기독신우회였다.

신간회운동에 상응하는 기독교단체의 결성 움직임은 1928년 예루살렘 국제선교대회를 통해 기독교의 민주화와 토착화, 실제화가 기독교운동의 새로운 화두로 등장하면서 본격화하였다. 이미 사업에 들어간 YMCA는 물론 YWCA와 장로회·감리회 교단이 예루살렘대회를 계기로 기독교의 실제화를 표방하며 농촌사업에 착수하였고, 1929년 4월에는 '조선적 기독교'의 수립을 목표로 조선예수교연합공의회 임시대회가 개최되었다. 예루살렘대회에 조선대표로 참석한 정인과를 회장으로 하여 열린 임시대회는 교파와 당파, 지역과 노소의 구별을 초월한 기독교계의 '정신상 단합과 사업상 협동'을 결의하였는데, 다음 달인 5월에 발족한 기독신우회는 그 첫 열매였다.

기독신우회는 창립과 더불어 신간회의 예에 따라 경성지회를 설립하고, 신간회 본부 간사 조병옥이 기독교 혁신운동을 전개하기 위해 1928년 중반, 중앙YMCA 회원과 청년학생 약 60여 명으로 조직한 비공식 결사를 그 하부조직으로 편입시켰다. 그러나 전국 주요도시에 지회를 설립하려던 당초 계획이 부진을 면치 못하면서 실제 활동은 기대에 미치지 못하였다. 개인의 속죄구령만을 철석같이 믿는 보수적 교인들이 기독신우회의 사회복음 노선에 반기를 든 때문이었다.

또한 외형상 안창호계와 이승만계를 아우르고는 있었으나, 정인과를 비롯한 안창호계 인사들이 창립을 주도함에 따라 교계 내 대표적 이승만 인맥인 신흥우 등이 불참한 것도 기독신우회의 발전에 적지않은 걸림돌이 되었다. 고당은 기독신우회의 중심인물이자 수양동우회의 중진인 정인과·조병옥과 숭실학교 동문이었고, 그 밖의 수양동우회 인사들과도 절친한 사이였다. 그런데도 수양동우회에 가담하지 않은 것은 파벌주의에 대한 우려 때문이었다. 고당은 기독신우회의 평의원을 맡아 이들 정파간의 갈등을 조정하며 기독교 사회운동의 대동단결을 이루려 하였다.

비록 두드러진 활동은 없었지만, '그리스도의 사회복음 곧 기독주의의 민중화와 실제화를 통한 민족구원'을 표방하며 '기독주의'라는 운동의 새로운 지평을 제시한 기독신우회 '선언'은 이후 기독교 사회운동에 적지않은 파장을 몰고 왔다. 그리하여 '기독주의'를 깃발로 내건 사회운동이 하나둘씩 나타났는데, 고당을 정신적 지주로 하여 출발한 기독교농촌연구회의 농촌운동이 가장 대표적인 경우였다.

기독교농촌연구회는 고당에게 인격적 감화를 받은 배민수·최문식·유재기 등 숭실전문 출신의 기독청년들이 중심이 되어 1929년 6월 무렵 평양에서 결성한 농촌운동 조직이었다. 이들 기독청년들은 농촌문제에 관심을 갖고 1926년 말부터 거의 매주 한 번씩 고당의 집에 모여 농촌운동의 방도에 대해 토론을 벌이는 한편으로, 평양 인근 농촌을 대상으로 계몽활동을 전개하였다. 이에 대해 농촌연구회의 집행위원장을 지낸 배민수는 다음과 같이 회고한다.

조만식 선생과 내가 평양근교 농촌을 대상으로 순회강연을 시작한 것은 1926년 겨울이라고 생각한다. 우리들은 가는 곳마다 하나님의 사자로 대접을 받았다. 교회는 언제나 300명에서 600명에 이르는 남녀노소의 농민들로 가득찼다. 모임은 찬송과 성경봉독, 그리고 기도로 시작되었다. 나는 항상 사회를 보았고, 조만식 선생이 연설을 하였다. 이렇게 강연은 세 시간을 훌쩍 넘기며 계속되었지만, 사람들은 그 밤 내내 자리를 뜨지 않고 경청하였다. 이후 농가부업, 협동조합, 농촌위생 문제에 관한 강연이 며칠 저녁 동안 계속되었다. 모든 이야기는 그들의 영적, 실제적 생활에 유익한 것이었다. 그들은 이같이 대략 5일간의 일정으로 저녁마다 열린 모임에 즐겁게 참석하였다.

배민수가 고당과 자신에 초점을 맞추어 묘사한 이 장면은 아마도 자신이 음악부장으로 활동했던 숭실전문 학생YMCA의 농촌사업 광경이었던 것으로 보인다. 고당이 총무로 있던 평양YMCA가 농촌사업에 착수한 것은 1927년 후반의 일이기 때문이다. 따라서 1926년 말 이래 고당의 집에서 지속적으로 모임을 가진 기독청년들은 숭실전문 학생 YMCA 회원 가운데 농촌운동에 관심을 가진 일단의 청년학생들이었다고 할 수 있다.

기독교농촌연구회는 바로 이들을 주축으로 농촌선교에 관심을 가진 청년 학생들을 규합하여 1929년 6월 무렵 정식으로 결성되었다. 기독교농촌연구회는 '기독주의적 농촌사업을 실현함'을 목적으로 농촌문제를 연구하고 실제 사업에 투신할 회원을 양성하였다. 이때 그들이 표방한 '기독주의'는 맑스주의자의 유물론적 사회주의와 보수적 기독교인들의 개인적 속죄구령주의에 맞서는 개념으로 기독교 사회주의적인 경향성을 띠고 있었다. 그들은 '기독주의' 농촌운동에 대해 그리스도의 정신으로 물질을 통제하여 모든 사람이 표준적 경제생활을 누리게끔 하려는 '정신적 물질운동'이요, 박애적 상호부조의 이상사회를 건설하려는 빈민구원의 천국복음운동이라고 풀이하였다.

고당은 이들 청년들에게 신앙생활과 물질생활 곧 영육의 문제를 동시에 아우르는 경천애인敬天愛人의 참된 복음주의 신앙을 가르쳤다. 또 조선을 위해, 이 백성을 위해, 교회를 위해 '하겠다'는 고상한 이상, 철저한 정신, 견고한 의지의 수양에 힘쓸 것을 당부하며 인격주의의 소중함을 일깨웠다. 아울러 사회봉사와 민족구원을 위해 근로 본위로 실천궁행하

평양 농우회

는 지행합일^{知行合一}의 실행주의를 몸에 익히라고 당부하였다.

고당은 이 같은 복음주의·인격주의·실행주의를 민족구원의 3대 실천강령이라 하였다. 그는 개인 영혼의 속죄구원에만 매달리는 교역자들의 보수적 근본주의 신앙관과 중산층 기독교인들의 이기적인 신앙양태, 그리고 맑스주의 유물론의 도전에 우려를 표하였다. 그러면서 조선인이 살 길은 오직 복음운동·경제운동·정신운동·생활운동에 있다고 하여, 하나님을 경모하고 민족에 대해 충성과 애휼이 있는 복음주의 신앙의 기초를 굳건히 다질 것을 거듭 강조하였다.

이러한 고당의 가르침에 따라 발족한 기독교농촌연구회는 이후 장로회 농촌운동과 관계를 맺고 농촌교회를 거점 삼아 현장활동을 전개하였다. 그리고 1933년 장로회 총회에 신설된 농촌부 상설기관을 맡아 후기 장로회 농촌운동을 이끌었다. 농촌부 상설기관의 설치는 배민수가 미국 유학 중 한 여성 독지가로부터 거액의 농촌선교 기금을 희사받음으로써 이루어졌다. 농촌부 상설기관 총무에 취임한 배민수는 농촌연구회의 박학전과 김성원을 간사로 하고, 유재기를 서기로 하는 실무진을 구성하였다. 그들은 첫 사업으로 농촌지도자 양성을 위해 평양 숭실전문 농과 안에 덴마크 국민고등학교를 모델로 하는 고등농사학원을 개설하였다. 그리고 농촌전도와 농촌순회지도·문서지도 등을 통해 농촌복음화운동과 농사개량운동·협동조합운동을 벌여 나갔다.

고당은 자신의 자식과도 같은 기독교농촌연구회 청년들이 주도한 장로회 농촌운동을 뒤에서 자문하고 보살폈다. 뿐만 아니라 자신이 직접 나서 평양YMCA의 농촌사업을 챙기는 한편으로, 틈틈이 농촌을 찾아다니며 또 농촌운동 지도자들을 대상으로 농촌진흥과 협동조합운동에 대해 강연하고, 소비절약과 생활개선의 절박한 필요성을 일깨웠다. 기독교농촌연구회가 조직될 무렵부터 고당은 종래 토착 상공업의 진흥에서 소비절약을 통한 서민생활의 개신으로, 파탄지경에 이른 농촌의 재건으로 자신의 주된 관심사를 옮겨갔다. 그래서 청년 학생들을 만날 때마다 허영의 도시에서 빈둥거리며 실업자 노릇하지 말고 농촌으로 돌아가 그곳을 자신이 바라는 이상사회로 가꾸라고 간곡히 당부하였다. 조선 사람의 8할이 농민이니, 농촌을 살리는 사업이야말로 전 조선을 구하는 사업이라는 게 이 무렵 그의 주장이었다.

만보산사건과 그 이후

고당이 나이 50 고개를 바라보던 1931년은 실로 다사다난한 한 해였다. 먼저 전 해에 아버지 조경학 옹이 돌아가신 데 이어, 어머니 김경건 여사마저 세상을 떴다. 고당은 50을 바라다 보도록 늙은 아버지에게 용돈을 타서 썼다. 그러던 아버지가 세상을 뜨고, 항상 곁에서 챙겨주시던 어머니마저 돌아가신 것이다. 연이어 상을 당해 슬프고 경황이 없는 와중에서도 고당은 간소한 장례의 본을 보이는 것을 잊지 않았다. 상을 당한 뒤 부고도 내지 않고, 조화와 만장을 받지 않은 것은 물론, 친지의 장지 동행까지 일절 사절하여 평소 외쳐온 허례허식의 폐지를 몸소 실천해 보였다.

어머님 상을 당할 바로 그 무렵에 고당은 또 다른 상을 치러야 했다. 민족의 대동단결을 이룰 중심기관으로 기대해 마지 않았던 신간회가 고당의 완강한 반대에도 전체대회를 열어 끝내 해소를 결의한 때문이었다. 불행은 여기에 그치지 않아 그 해 7월에는 만보산사건에 격분한 조선인이 국내에 있는 중국 화교의 상점과 가옥을 파괴하고 인명을 살상하는 사건이 일어났다.

이른바 만보산사건은 창춘 와세다공사에서 중국인을 내세워 조차한 지린성 창춘현 만보산萬寶山 남쪽 기슭 삼성보三姓堡의 1천 6백여 정보 되는 미개간지를 8명의 조선인이 1931년 2월 10년 계약으로 다시 임차한 뒤, 갈 곳 없이 만주지방을 유랑하던 동포 200명을 이주시켜 논으로 만드는 관개공사를 진행하던 중에 일어난 사건이었다. 분규는 부근 이통

만보산 사건 유적지(지린성 창춘현)

하이퉁허(伊通河)에 제방을 쌓고 수로를 내는 공사 중에 근처 중국 농민들의 용수로를 건드린 것이 발단이 되었다. 중국 농민들의 거듭되는 진정이 있었음에도 뒤를 봐 주겠다는 일본영사관 측의 말을 믿고 우리 농민들이 공사를 강행하자, 창춘현 정부는 5월 말 보안대를 보내 수로공사의 중지를 명령하고 동포 아홉 사람을 공안국으로 구인하였다. 이에 창춘 일본영사관에서 조선 농민을 보호한다는 명목으로 6월 초 무장경관을 현장에 파견하면서 중·일 양국의 경관이 대치하는 사태가 빚어졌다.

이후 중·일 양국 사이에 외교적 절충이 이루어져 사태가 일단 진정되는 듯했으나, 일본영사관 측에서 6월 말부터 수로공사를 재개토록 함으로써 문제가 다시 불거졌다. 공사가 재개되자 중국 농민 약 500여 명은 7월 1일 이퉁허에 쌓은 제방과 수로를 파괴하였고, 이 과정에서 중국 농

만보산 사건의 여파로 폐허가 된 평양의 화교 거리

민과 조선 농민 사이에 충돌이 일어났다. 그러나 7월 1일과 2일 이틀간의 충돌에서 약간의 부상자는 있었어도 죽은 사람은 없었다. 그런데 일본은 이를 "중국 관민이 만주의 조선 농민을 압박해 목숨을 위협하고 있다"고 악의적으로 국내에 왜곡 보도하였다. 1929년 말부터 전세계에 밀어닥친 경제 대공황의 돌파구로 만주침략을 획책하던 일본이 만보산사건을 그 도화선으로 삼아보려는 속셈에서였다.

만보산사건을 만주침략에 이용하려는 일본의 음모를 모르는 국내 동포들은 그 소식에 격분해 대대적인 화교배척운동에 나섰다. 7월 3일 새벽 인천에서 중국 사람의 음식점과 이발소를 습격한 것으로 시작된 중국 화교에 대한 보복 폭행은 서울과 평양을 비롯한 전국 각지로 번져나갔다. 특히 7월 5일 일요일 밤 평양의 조선 사람 수백 명이 신창리에 있는 중국요리점 동승루를 습격한 것을 시작으로. 6일 대낮과 저녁 모두 세 차례에 걸쳐 일어난 대규모 보복 폭동은 말로 형언할 수 없을 정도로 처참했다. 평양에 있는 중국인 상점과 가옥 대부분이 파괴되고, 무려 130여 명에 이르는 중국 화교가 타살당하는 참혹한 광경을 목격한 고당은 망연자실했다.

사태가 극도로 악화되는 과정을 지켜본 고당은 그것이 일본의 음흉한 농간이라는 것을 직감하였다. 물샐 틈 없는 치안력을 자랑한다는 일제 경찰이 버티고 있는 데도 전국 각지에서 폭동이 계속해 일어나는 것은 이해하기 힘든 일이었다. 조선과 중국 두 민족의 분쟁으로 일본에게 만주침략의 빌미를 주어서는 안 된다고 생각한 고당은 흥분한 군중의 무차별 폭행을 중지시키려고 애썼다.

그래서 7월 7일 자신이 총무로 있는 평양YMCA를 비롯한 각 단체와 공동으로 연합성명을 발표하여, 이번 폭동은 조선인 전체의 의사가 아니라는 사실을 밝히고, 은인자중할 것을 당부하였다. 동아일보 또한 수차례의 사설을 통해 만보산사건의 배후에 의혹을 제기하고, 재만동포를 도우려는 마음은 가상하나 무고한 화교에게 무차별 보복 폭행을 가하는 것은 결코 올바른 방법이 아니라는 사실을 환기시키며, 냉정하고 현명한 태도를 촉구하였다.

고당은 성명서를 발표하는 데 그치지 않고, 오윤선 장로 등과 함께 직접 거리로 나서 흥분한 군중들을 설득하였다. 때마침 고당의 진두 지휘 하에 인정도서관 건설공사가 한창 진행 중이었는데, 거기에 적지않은

만보산사건으로 야기된 평양의 화교배척 폭동 후 평양거리

수의 중국인 벽돌공이 일을 하고 있었다. 흥분한 군중들은 그곳으로도 몰려왔다. 하지만 공사감독을 맡은 고당의 동지 김병연이 위험을 무릅쓰고 나서 간신히 위기를 모면할 수 있었다.

고당을 비롯한 여러 뜻있는 사람들의 노력으로 중국 화교에 대한 무차별 보복행동은 점차 진정이 되었다. 그러나 그것이 가져다 준 상처는 너무나 컸다. 경박한 민족감정과 군중심리에 휩쓸려 그동안 일본에게 당한 차별과 설움을 죄없는 화교들에게 그대로 덮어씌운 광기어린 폭력은 그 무엇으로도 변명이 되지 않는 행동이었다. 이 일로 중국인은 조선인을 일본의 앞잡이로 생각하게 되었고, 그 결과 중국에서의 독립운동이 커다란 타격을 받았다. 일본은 만보산사건과 뒤이은 조선에서의 화교배척폭동을 도화선 삼아 9월 18일 만주철도 폭파사건을 조작하고 만주사변을 일으켰다. 만주침략과 괴뢰국가 만주국 건설·중일전쟁·태평양전쟁으로 이어지는 일본 군국주의의 어두운 그림자가 이 땅에 드리우는 순간이었다.

조선일보 사장에 취임

고당은 1932년 가을에 12년간 몸담아왔던 평양YMCA 총무 직을 사임하고, 조선일보 사장에 취임하여 스스로 언론기관을 경영하는 기회를 갖게 되었다. 평소 언론의 중요성을 통감하고 평양에 조선인의 여론을 창달할 언론기관이 없는 것을 아쉬워했던 고당인지라, 신문사 사장을 맡아 중앙무대로 진출하는 감회는 남달랐다.

고당이 조선일보를 인수하여 사장이 되기까지에는 우여곡절이 많았다. 당시 조선인이 경영하는 민간신문으로는 동아일보, 조선일보, 중앙일보 세 가지가 있었다. 이들 신문사들은 총독부 당국의 엄중한 검열로 기사 삭제와 압수 정간 처분을 받기가 일쑤였다. 또 경영난으로 탄탄한 재력을 갖춘 김성수가 경영하는 동아일보를 제외하고는 경영주가 바뀌는 게 다반사였다.

평소 조선인 언론에 많은 관심을 가지고 있던 고당에게 신문사를 인수 할 의향이 있느냐고 타진해 온 것은 중앙일보였다. 중앙일보는 동아일보, 조선일보에 이어 가장 나중에 허가된 신문으로 전신은 시대일보였다. 시대일보는 1924년 3월 최남선이 판권을 얻어 발행하였으나, 얼마 못가서 경영난에 빠졌다. 이때 신흥종교 보천교의 교주 차경석이 인수하려고 했는데 여론의 반대가 거세 그만 두고, 1925년 6월 홍명희가 사장에 취임하여 다시 일으키려 하다가 1926년 9월 결국 문을 닫고 말았다. 그 뒤 신문계의 귀재로 불리는 이상협이 인수하여 1926년 11월 중외일보로 제호를 바꾸고 발행을 하였다. 중외일보는 1929년 9월 안희제를 사장으로 영입하고, 지면을 8면으로 확장하는 등 의욕을 보였으나 역시 경영난으로 2년 만에 폐간되고 말았다. 그리고 두 달만인 1931년 11월 미국에서 유학하고 돌아온 노정일이 중앙일보로 제호를 바꾸고 발행을 재개하였다. 그러나 그도 역시 유지하기가 힘들게 되어 1932년 4월 휴간을 한 뒤 인수할 사람을 물색하였다. 그러던 중 조병옥에게 교섭이 들어왔고, 조병옥은 함께 신간회운동을 하며 친분을 쌓은 관서의 명망가 고당과 동우회의 동지 김동원에게 이 사실을 알렸다.

인수 교섭이 들어오자 고당은 김동원과 상의하고, 평양의 실업가 한원준을 만나 자금을 대겠다는 내락을 받았다. 관서의 맹주이자 흥사단의 지도자인 도산 안창호가 상하이 일본 영사관 경찰에 체포되어 국내로 압송된 다음이니, 6월 7일 이후의 일이었다. 그래서 항간에는 도산이 출옥한 뒤에 발붙일 자리를 마련하기 위해 흥사단계 곧 동우회계에서 신문 경영에 뜻을 두고 있다는 풍문이 나돌았다. 아무튼 여러 사람의 노력이 헛되지 않아 고당은 수만 원의 현금을 모아 쥐고 10월 하순 급거

상경할 수 있었다. 그러나 노정일이 와세다대학 출신의 개성 갑부 최선익에게 판권을 넘기는 가계약을 막 맺은 뒤였다. 30대 젊은 나이에 중앙일보를 인수한 최선익은 기자로 잔뼈가 굵은 동향사람 김동성을 편집국장에 앉히고, 11월부터 신문을 속간하였다. 그리고 1933년 2월 몽양 여운형을 사장으로 영입하였다. 반년 전에 출옥하여 정양 중이던 여운형은 사장에 취임하여 제호를《조선중앙일보》로 다시 바꾸고 신문사를 안정적 궤도 위에 올려놓았다.

조선중앙일보 사장을 역임한 몽양 여운형

중앙일보 인수가 물건너가 망연자실해 있던 그당에게 이번에는 조선일보에서 교섭이 들어왔다. 조선일보 역시 경영난에 분규까지 겹쳐 지난 6월부터 휴간 중이었다. 마침 총독부 경무국에서 11월 안에 조속히 신문을 속간하지 않으면 판권마저 취소하겠다는 엄포가 있었던 터라 인수작업은 일사천리로 진행되었다. 고당은 평양에서 갖고 온 자금으로 인수 계약을 맺고, 사장에 취임하여 전무 겸 영업국장 조병옥, 편집국장 주요한의 새 진영을 짠 다음, 11월 23일 석간부터 종래와 같은 8면의 지면으로 신문을 속간하였다.

조선일보는 처음에 친일자본가단체 대정친목회에서 발행하는 실업신문으로 창간되었다. 총독부에서는 민족 언론을 표방한 동아일보의 대항마로 조선일보의 발행을 허가해주었다. 1920년 3월 창간 당시의 사장은

조선일보 부사장을 역임한
민세 안재홍

조진태, 발행인은 예종석이었는데, 경영이 여의치 않아 1921년 4월 친일파로 악명이 높은 송병준에게 판권을 넘겼다. 그런데 친일파 신문이라는 낙인이 찍히고 보니 신문이 팔리지 않아 경영이 어려웠다. 그래서 결국에는 소장정객 신석우에게 신문 판권을 넘기고 말았다.

1924년 9월 신문을 인수한 신석우는 '조선 민중의 신문'을 표방하며 지면을 대혁신하고 '청년노인'으로 조선인사회의 신망을 한 몸에 모으던 월남 이상재를 사장으로 영입하였다. 이때부터 조선일보는 사세를 크게 떨치기 시작하여 민족협동전선 신간회의 창립을 전후해서는 '정치신문'으로 절정의 인기를 누렸다. 그러나 1927년 3월 이상재 사후 사장에 취임한 신석우가 파산지경이 되어 신문사 경영에서 손을 떼고, 1931년 5월 부사장 안재홍이 사장 직을 물려 받으면서 만성적인 재정난에 시달렸다. 급기야는 만주동포구제 의연금으로 모금한 돈 1만 5천 원을 신문사 자금으로 유용한 혐의로 1932년 3월 사장 안재홍과 영업국장 이승복이 경찰에 체포당하는 사태까지 일어났다. 그 뒤 조선인사회의 원로로 존경받던 유진태가 사장에 취임하여 사태를 수습해보려 했으나, 채권자 임경래가 판권을 가로채면서 한기악 등 구간부파와 분규가 일어나 6월부터 휴간에 들어갔다. 임경래는 고당이 신문사를 인수한 뒤에도 판권소유자 자격으로 부사장 자리에 눌러 앉아 시

시콜콜 신문사 경영에 간섭하였다.

고당과 조병옥이 나서 막상 신문사를 인수하기는 했지만 앞에 산적한 문제가 한두 가지가 아니었다. 우선 부채를 정리해 식산은행에 저당잡힌 윤전기와 고등법원에 재판중에 있는 사옥, 그리고 임경래가 1만 2천 원의 채권을 볼모로 쥐고 있는 판권을 되찾아야 했고, 당장의 신문 속간 비용도 마련해야 했다. 또한 조만식·조병옥·주요한 등 신경영진과 안재홍·이승복·한기악 등 구간부파, 그리고 판권을 쥐고 있는 임경래 사이의 팽팽한 힘겨루기도 여간한 문제가 아니었다.

조선일보 영입국장을 역임한 이승복

무엇보다 상당한 자금력 없이는 신문사를 유지할 수 없다고 느낀 고당은 경영 조직을 주식회사로 변경하기로 하고 출자할 사람을 찾아 나섰다. 먼저 의주 유지 고일청에게 거액의 출자를 내락받고, 그를 통해 금광으로 큰돈을 번 평북 정주 출신의 광산사업가 방응모를 소개받았다.

방응모는 정주읍에서 잡화 포목상 등을 하다가 1922년부터 1927년까지 5년 동안 동아일보 정주지국을 맡아 경영한 일이 있었다. 그러나 한 달에 1원씩 받는 신문대금이 잘 걷히지 않아 경영상의 어려움을 겪다가 끝내 파산을 하고 말았다. 그 뒤 평양으로 가 변호사 밑에서 일하기도 하고, 대서업을 하기도 하다가, 광산업에 흥미를 느끼고 광맥을 찾아 나섰다. 그래서 얻은 것이 평북 삭주의 교동광산이었는데, 이 무진장한

조선일보사 견지동 구사옥

금광의 발굴로 그는 일약 큰 부자의 반열에 오를 수 있었다. 때마침 일본 정우회의 장로요 전 만철 총재인 야마모토山本條太郎라는 이가 의주읍장 고일청을 통해 교동금광을 사들이고 싶다는 의향을 비쳤고, 결국 거래가 이루어져 1백만 원이라는 거액을 손에 쥐게 되었다. 고당으로부터 조선일보 출자 교섭을 받을 무렵의 일이었다.

방응모는 고당의 출자 제의를 흔쾌히 받아들였다. 고당보다 한 살 아래였던 그는 정주 읍내에서 상업에 종사할 때부터 오산학교 교장 고당의 명성을 익히 들어 잘 알고 있었다. 방응모의 내락이 있자, 고당은 1933년 1월 16일 발기인회를 열고 자본금 30만 원의 주식회사 설립안을 통과시켰다. 방응모는 일시 전액불입으로 모집하기로 한 1만 주 가운데 일차로 3천 주를 인수하였다. 고일청 또한 2천 1백 주의 주식을 인수하였다. 뿐만 아니라 방응모는 사재를 내어 임경래에게 넘어간 판권을 되찾아왔다.

  3월 23일 방응모에게 조선일보 발행권의 지령이 교부되자, 고당은 사장 자리에서 물러나겠다는 의사를 밝혔다. 그러나 방응모는 고당에게 사장 자리에 계속 머물러줄 것을 요청하고, 자신은 임경래가 꿰차고 있던 부사장직과 조병옥이 그만두면서 자리가 빈 영업국장직을 맡아 재정 업무를 총괄하였다.

  그런데 방응모가 조선일보 판권을 인수하는 과정에서 구간부파 사원들의 주도로 사내분규가 재발하여 신문 발행이 다시 중단되는 사태가 벌어졌다. 표면상 이유는 지사 인계, 사원 복직, 위로금 지급 등 여러 가지였지만, 실제 속사정은 인사문제였다. 고당과 동우회계의 조병옥, 주요한에 이어 방응모까지 가세해 조선일보를 온통 평안도 인맥의 신문으로 만들려 한다는 것이었다. 방응모가 사장에 취임한 뒤 그와 동향인 동우회의 중진 이광수마저 8월 29일 오랫동안 몸담아 온 동아일보의 편집국장을 그만 두고 조선일보 부사장에 부임한 것을 보면, 구간부파의 주장이 전혀 사실무근한 것은 아니었다. 그러나 구간부파 또한 기호 지방색을 드러내며 관서 출신을 일방적으로 배척하려 했다는 점에서 더 나을 것도 없었다.

일본유학 시절부터 고향을 묻지 말자며 지방색을 뛰어넘은 민족의 대동단결을 주장했던 고당인지라, 기호파니 관서파니 하는 해묵은 지역감정이 자신이 사장으로 있는 조선일보사 내에서 재현되는 것을 바라보는 심정은 착잡할 수밖에 없었다. 아무튼 3월 5일 정간되었던 신문은 4월 26일 석간부터 조석간으로 다시 속간되었다. 그런데 본래의 견지동 사옥(현 농협 종로지점)이 아닌 연건동에 임시로 마련한 사옥에서였다. 구간부파 쪽에서 견지동 사옥사용권을 양도하지 않았기 때문이었다. 신문 속간에 앞서 방응모는 고일청을 고문에 추대하는 한편으로, 영업국장 자리를 김기범에게 물려주고 자신은 부사장겸 총무국장을 맡았다.

조선일보는 6월 22일 주식회사 창립총회를 열고 자본금 30만 원의 주식회사로 전환하였다. 주식회사가 설립되자 고당은 이제 물러날 때가 되었다고 생각하였다. 그래서 7월에 조선일보 사장 직을 사임하고 방응모에게 물려주었다. 사장에 취임한 방응모는 지면을 10면으로 확장하고, 자본금 20만 원을 증액하여 추가 출자함으로써 신문사를 안정적 기틀 위에 올려놓았다.

고당은 조선일보사 일을 맡아 서울에 있는 9개월 동안 청진동에 있는 한창여관에 투숙하였다. 신문사 사장 신분이다 보니 이러저런 사교 모임에 참석해야 할 일이 많았다. 그런 자리에 고당은 전과 마찬가지로 한복을 입고 나타나 한지로 만든 명함을 돌렸다. 주변에서 사교상 양복을 입는 게 좋겠다고 권하였으나, 고당은 일소에 부쳤다. 다음은 《별건곤》이란 잡지에 실린 조선일보 사장 시절 그의 인상기이다.

자르고 자르고 또 잘라서 무릎 위에 훨씬 올라가는 몽당치마 같은 두루마기를 입기로 유명한 조만식씨! 조선일보사로 출입할 때에 그의 얼굴을 보면 누구나 그 사의 사장으로 알지만은 그의 뒷 모양을 본다면 신문배달부가 경편배달복(사의 마크도 그리지 않고 품이 좁은 ……)을 입었거나 그렇지 않으면 인력거꾼이 좁은 합비를 입고 있는 줄로 알기 쉬울 것이다. 그는 암만 활발하게 걷는다 할 지라도 보법부터 글방 생원님 걸음이요, 암만 가슴을 내밀어도 등이 먼저 굽은 데야 어찌하랴. 그는 뒷 모양이나 앞 모양이나 모양부터 진기한 분이다.

눈뜨고도 코베인다는 서울에서 생활을 하며 '평양 촌놈' 고당은 실로 혹독한 단련을 받았다. 신문사 경영난에 시달리며 상당한 자금 없이 인격과 성의만 가지고 안 되는 일도 있다는 것을 새삼 깨달았고, 평양에서 끼리끼리 살 때 잘 못느꼈던 완고한 지역감정의 높은 벽도 실감할 수 있었다. 때문에 맘고생이 적지 않았는데, 그래서 조선일보 사장을 그만두고 나서 지인들에게 한 말이 "내 머리가 갑자기 하얘진 것같아"였다. 그 말대로 고당은 이제 나이 50을 훌쩍 넘은 인생의 황혼기를 맞이하고 있었다.

폭풍우 속에서

을지문덕 묘산의 수보

조선일보 사장으로 숨가쁜 9개월을 보내고 1933년 가을 다시 평양으로 돌아온 고당은 이제 쉰한 살 초로의 나이가 되어 있었다. 객지 생활에 지친 몸과 마음을 달래고, 조선물산장려회 회장과 관서체육회 회장으로 다시 지역사회의 일들을 챙기기 시작했지만 예전 같을 수는 없었다.

일제의 만주침략 이후 일본 군부의 목소리가 커지면서 식민지 조선은 점차 군국주의자들의 광란의 장으로 변해갔고, 민족운동의 열린 공간은 갈수록 좁아만 갔다. 그러한 가운데 발생한 '평양기독교계 사립학교장 신사참배거부사건'은 장차 평양사회에 몰아닥칠 비극의 전조였다.

사건은 1935년 11월 14일 평남도청에서 열린 도내 공·사립 중등학교 교장회의에 참석한 교장들에게 도지사가 평양신사에 참배할 것을 요구하면서 일어났다. 도지사의 신사참배 요구에 평양 숭실학교 교장 맥큔, 숭의여학교 교장 대리 정익성, 순안 의명학교 교장 리가 신앙 양심상 따를 수 없다고 거부하면서 크게 문제가 된 것이다. 도당국과 총독부에서는 추후 이런 일이 계속될 때는 교장직 파면 및 강제 폐교도 불사하겠다는 강경 대응으로 나왔다. 이전에는 자발적 참여를 유도한다 하여 경고에 그쳤지만, 신사참배는 종교의식이 아니라 국민의례라 하여 강요하기에 이른 것이다. 결국 끝까지 신사참배를 거부한 숭실학교 교장 맥큔과 숭의여학교 교장 스누크는 1936년 1월 파면되고 말았다. 이른바 황국신민화정책의 어두운 그림자가 드리워지는 순간이었다.

이처럼 1930년대 후반 들어 일제는 민족운동을 탄압하는 데 그치지 않고, 일본제국의 신민으로 천황제 군국주의체제에 협력할 것을 강요하면서 우리 민족의 존립 자체를 위협하기 시작하였다.

이러한 위기의 시기에 고당은 김성업·김동원·오윤선 등과 함께 을지문덕 묘산수보회墓山修保會를 발기하였다. 민족의 존립 자체가 위태로운 때에 우리 민족을 위기에서 구한 위인의 유적을 보존하는 사업을 통해 민족의식을 다지고 민족보존의 방책을 마련하려는 취지에서였다.

살수에서 수 양제의 백만대군을 격퇴한 고구려의 명장 을지문덕의 묘터로 전해지는 곳은 평남 대동군 대보산 낙쪽 현암산 기슭에 있었다. 현암산은 행정구역상으로는 강서군에 속했는데, 그 부근 대동군 대보면 내동에 을지문덕의 후손이라고 하는 돈씨가 20호 가량 살았다. 전설에 따르면 '돌메' 또는 '돈산'으로 불리는 이 마을에서 을지문덕이 태어났다고 한다. 을지문덕의 후손이 '돈'씨 성을 가지게 된 것은 고구려 영양왕

이 살수대첩으로 큰 공을 세운 을지문덕을 돈산군頓山君으로 봉한 데서 비롯되었다고 하는데, 사실 여부를 확인할 길은 없으나 무슨 인연은 있었던 것같다.

을지문덕 장군의 묘터가 세인의 관심을 끌게 된 것은 1935년 2월 대전형무소에서 가출옥한 도산 안창호가 평양 서쪽 대동군 대보산에 위치한 송태정이라는 산장에 머무르면서였다. 도산은 송태정을 찾아오는 지인들에게 근처에 을지문덕 장군의 묘터라 전해지는 곳이 있다는 이야기를 하곤 하였다. 그러던 차에 그해 9월 27일 동아일보 주필 김준연이 송진우와 함께 평양에서 김동원과 김성업을 대동하고 송태정에서 정양 중인 도산을 방문하였다.

송태정에서 점심식사를 한 도산과 이들 일행은 을지공의 후손이라 하는 돈씨의 안내를 받아 을지문덕 장군의 묘터를 답사하였다. 천여 년 풍상에 묘는 흔적조차 알아보기 어렵게 되었고, 그 십수 보 앞에 한 쌍의 장군석만이 덩그라니 서 있었다. 설상가상으로 묘터에는 65년 전에 썼다는 이정우라는 사람의 묘가 자리하고 있었다. 도산과 하직한 이들 일행은 평양으로 돌아가 고당과 오윤선 두 사람과 이 문제를 상의하였다. 김준연은 서울로 돌아가 이 같은 사실을 〈수군 백만을 격퇴한 을지문덕 묘를 찾아서〉라는 제목으로 동아일보 지상에 기사화하였다.

이를 계기로 고당과 김성업의 주도로 을지문덕 장군 묘산 수보사업이 시작되었다. 고당이 을지문덕 장군의 묘터를 찾은 것은 앞서의 답사가 있은 지 며칠 뒤였다. 서울에서 내려온 사학자 정인보가 동행하였는데, 그들은 참배를 마치고 그 자리를 차지한 이정우의 묘를 이장시키기 위해 용강으로 아들을 찾아갔다. 그렇게 첫 교섭을 한 뒤, 고당과 김성업이 이 일을 맡아 결국 이장비 9백 원을 주고 1936년 한식날 이장을 시킬 수 있었다. 그런데 그 땅의 소유주가 이정우의 후손이 아닌 다른 사람이었다. 그래서 땅 주인 김승연과 또 수차에 걸쳐 교섭하여 묘소 수축에 필요한 묘역을 기증받았다.

을지문덕 장군 묘소의 복원과 보존을 위한 제반 정지작업이 끝나자, 고당은 1936년 5월 22일 설암리 평양YMCA회관에서 을지문덕 묘산수보회를 발기하고 본격적인 사업에 들어갔다. 뿐만 아니라 고당은 을지문덕이 수도를 했다는 평원군 한천면 대붕산의 동굴유적도 성역화하려 하였다. 을지문덕 묘산수보회의 발기는 을지문덕 장군이 외세의 침략으로부터 나라를 지킨 위인이었다는 점에서 의미심장한 상징성을 지녔다. 그런데 다른 한편으로 그것은 상징으로 말해야 하는 묵시의 시대, 암흑의 시대가 다가오고 있다는 징표이기도 하였다.

동우회사건과 도산의 서거

을지문덕 묘산수보회를 발족하고 회장을 맡아 분주하던 1936년 8월 고당은 둘째 딸 선희를 결혼시켰다. 결혼식은 무더위를 피해 밤에 열려 이채를 띠었다. 백선행기념관에서 열린 이 결혼식의 신랑 곧 고당의 둘째 사위는 강의홍이라는 의사였는데, 해방 후에도 월남하지 않고 둘째 아들 연창과 함께 고려호텔에서 연금생활을 하는 고당의 곁을 지켰다.

딸을 결혼시키고 다섯 달 뒤 이번에는 고당이 신랑으로 결혼식 자리에 섰다. 1935년 12월 두 번째 부인 이의식 여사가 소화기 계통의 병을 앓다 향년 50세로 세상을 뜬 뒤 고당은 1년 동안 홀아비 생활을 하였다. 그러던 고당에게 장로회 총회 농촌부의 배민수, 박학전 두 목사가 중매를 섰다. 두 목사는 기독교농촌연구회 시절부터 고당을 스승으로 모시고 따르던 이들이었다. 배필은 개성 호수돈여학교와 이화여전 음악과를 졸업하고 모교인 호수돈여학교 교사로 있던 34세의 노처녀 전선애였다. 두 사람은 1936년 가을 서울에서 첫 선을 보고 세 달 뒤인 1937년 1월 8일 서울 종로 천향원에서 화촉을 밝혔다.

고당은 55세의 늙은 나이에 그것도 21세 연하의 처녀와 세 번째 결혼식을 올리는 게 부끄러웠는지, 평양에 있는 친지들에게는 알리지 않고 서울로 올라가 조촐하게 식을 올렸다. 결혼식 주례는 양주삼 목사가 맡았고, 신랑 들러리 윤치호의 축사가 있었다. 청첩장을 내지 않았는데도 안창호·송진우·김성수·안재홍 등 당대의 명사들이 와서 결혼을 축하해 주었다. 고당은 이날도 짧은 검정 두루마기를 입었다.

신부 전선애 여사는 식을 올리고 3월까지 호수돈여학교에서 일을 본 다음 평양에 와 남편 고당을 내조하였다. 대동문에서 막 들여다 보이는 곳에 종로보통학교가 있고, 그 뒤가 쾌재정 자리인데, 산정현교회도 그리 멀지 않은 그 곳 관후리 자택에서 두 사람을 살림을 차렸다. 고당은 전선애 여사와 사이에 3녀 선영(1938년생), 3남 연흥(1940년생), 4남 연수(1942년생)를 낳았다.

홀아비 신세를 면하고 다시 단란한 가정을 갖게 된 1937년 4월, 고당은 평양경찰서에 불려갔다. 경찰측에서는 고당에게 그가 회장으로 15년

수양동우회 대회 기념 사진

간 이끌어온 조선물산장려회와 관서체육회, 을지문덕 묘산수보회를 모두 해산시키라고 강요하였다. 바야흐로 칠흑 같은 어둠의 시대가 다가온 것이다. 그리고 얼마 안 되어 동우회사건이 일어났다.

동우회사건으로 고당은 적지않은 고초를 겪었다. 경기도경찰부 고등과의 미와三輪 경부 일행이 고당의 집에 들이닥친 것은 6월16일 새벽이었다. 그들은 집안을 수색하고 평양경찰서로 고당을 끌고 갔다. 그리고 곧바로 안창호·최윤호·최능진·조명식 등 동우회 관계자들과 함께 경성행 열차에 태워 서울로 압송하였다. 이른바 '동우회사건'의 시작이었다.

동우회는 수양동우회의 후신으로 도산 안창호가 미국에서 설립한 흥사단의 국내 연장조직이었다. 그렇다고 해서 무슨 비밀결사도 아니고 합법공간에서 문화운동에 주력하던 온건한 단체로, 그동안 총독부에서도 그 활동을 용인하고 있었다. 그런데 중국에 대한 본격적인 침략전쟁을 눈앞에 둔 일제는 그 같은 온건한 단체활동조차 눈엣 가시처럼 여기게 되었다. 그래서 1937년 5월 기독청년면려회 조선연합회가 전국 지부에 보낸 금주운동 전단에 적힌 "멸망에 빠진 민족을 구출하는 기독교인의 역할"이라는 문구를 트집삼아, 그 배후세력으로 동우회 인사들을 잡아 들이기에 이르렀다.

조선물산장려회와 평양YMCA를 비롯한 고당의 활동반경 안에는 거의 언제나 동우회 인사들이 있었다. 그래서 흥사단이나 동우회에 직접 가입한 사실이 없음에도 항간에서는 고당을 동우회 사람으로 받아들였다. 때문에 일제는 동우회사건을 기획하면서 고당도 거기에 연루시켜 잡아들인 것이다. 하지만 혐의 사실을 입증할 증거가 없자 고당은 12일 만인 6월 28일 풀려날 수 있었다.

비록 여러 부문에서 공동보조를 취했지만, 고당과 동우회 회원들 사이에는 차이 또한 적지 않았다. 동우회 회원들 가운데는 이광수처럼 일제와 타협하는 인사들이 있었지만, 고당은 유아독청唯我獨淸 벽창호라는 말을 들을 정도로 언제나 비타협의 입장을 고수하였다. 또 김동원 같은 평양의 동우회 회원들이 중산계급의 입장을 주로 대변한 데 반해, 고당은 도시서민과 소농민의 어려운 처지를 보살피는 데도 열심이었다. 그래서 고당은 평안도 일대 각계각층의 사람들로부터 폭넓은 지지를 받을 수 있었다. 동우회 인사들이 고당을 도산을 대신하는 지도자로 받든 것도 그 때문이었다. 아무튼 김동원·김병연·김성업을 비롯한 동지들이 다

도산의 출옥 후 평양 오윤선의 집에서 자리를 같이 한 몽양과 도산, 그리고 고당(왼쪽부터)

수 동우회사건으로 구속되면서 고당은 손발이 잘린 처지가 되었다. 평양의 동우회 회원을 포함해 3백 명의 회원을 가진 대성학우회도 동우회사건 직후 해산되었다.

셋째 딸 선영이 태어나고 나서 한 달 갓넘은 1938년 3월 10일 고당은 커다란 비보에 접해야 했다. 고당 조만식, 남강 이승훈과 더불어 평안도가 배출한 3대 민족운동가의 한 사람이자 그 으뜸인 도산 안창호가 세상을 떠난 것이다. 윤봉길 의사의 상하이 훙커우공원 의거가 있던 1932년 4월 29일 일본 영사관 경찰에 체포되어 6월 7일 국내로 압송된 이후 도산의 말년은 실로 고난의 연속이었다. 1935년 2월 10일 가출옥하기까지 3년 가까이 옥고를 치러야 했고, 출옥해서는 병마와 싸우며 일제의

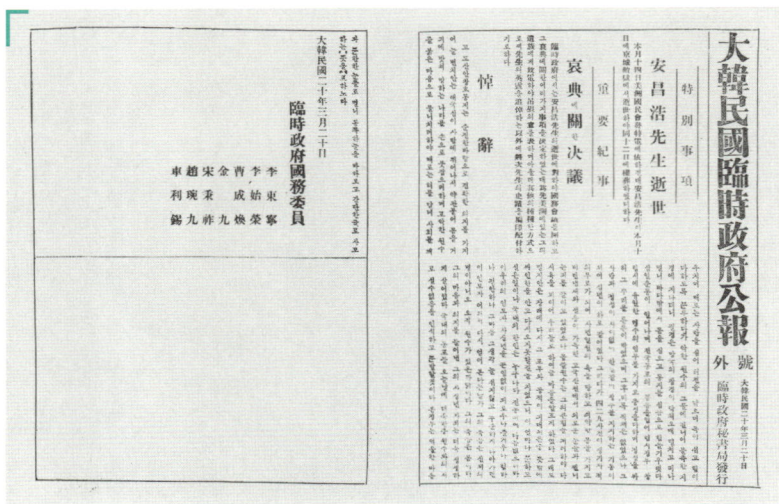

도산 안창호의 서거를 보도한 대한민국임시정부 공보

감시 속에 부자유스러운 생활을 해야 했다. 지방색을 조장한다는 항간의 오해와 편견 또한 그에게는 큰 상처가 되었다. 그러다가 1937년 6월 16일 동우회사건으로 다시 체포되어 옥고를 치르던 중 병세가 악화되어 12월 23일 병보석으로 재판소가 지정한 경성제국대학 병원에 입원하였다. 그리고 입원 중에 숙환인 위병으로 1938년 3월 10일 오전 0시 5분 불귀의 객이 되었다.

오랫동안 서로 이름은 알고 지냈지만 고당과 도산이 제대로 된 대면을 한 것은 1935년 2월 10일 도산이 대전형무소에서 가출옥한 뒤였다. 출옥 당일 서울 삼각정 중앙호텔에서 하루를 묵고 이튿날 평양행 열차에 올랐을 때 고당은 오윤선과 함께 사리원역까지 마중을 나갔다. 그리고 2월 16일 몽양 여운형이 도산을 위문하기 위해 평양에 들렀을 때 계리 오윤선의 집에서 도산, 몽양과 함께 저녁 때까지 이야기를 나누었다. 도산의 출옥 직후 찍은 것으로 널리 알려진 세 사람의 사진은 이때 오윤선의 집에서 찍은 것이었다. 그 뒤로 두 사람은 고당이 대보산 송태정으로 찾아가거나, 도산이 평양에 들르는 길에 방문하면서 돈독한 정을 나누었다.

도산 안창호 묘지(서울 망우리)

그랬던 도산이 서거했다는 소식에 접한 고당은 급히 상경하여 경성제극대학 병원으로 달려갔다. 만일의 사태를 우려한 총독부 당국은 장의에 관한 신문광고와 추도회를 금지시키고, 장례 절차에 참여하는 인원도 인척과 고당을 비롯한 극소수로 제한하며 엄중한 경계를 펼쳤다. 가족은 미국에 있고, 그를 스승으로 모시는 동우회 인사들은 모두 옥중에 갇힌 상황에서 고당은 장의위원장 격으로 도산의 유해를 망우리묘지에 안장하기까지 모든 장례절차를 거의 혼자 맡아하다시피 하였다. 1930년 5월 9일 남강 이승훈을 먼저 보낸 데 이어 이제 도산까지 잃은 고당의 앞에는 고군분투의 현실이 놓여 있었다.

산정현교회의 폐쇄

평양산정현교회 당회장으로 시무하다 순교한 주기철 목사

도산이 서거하기 한 달 전에도 고당은 자신이 장로로 섬기는 산정현교회의 주기철 목사가 신사참배에 반대하다 1차 검속당하는 아픔을 겪어야 했다. 고당이 몸담고 있던 산정현교회는 1906년 1월 장대현교회에서 분립해 닭골鷄里에 세워진 교회였다. 편하설C. F. Bernheisel·한승곤·안봉주·강규찬·송창근·주기철 목사가 차례로 시무하였는데, 보수주의 신학자로 이름 높은 박형룡이 한때 부목사로 봉사하기도 하였다. 장로로는 김동원·박정익·오윤선·조만식·유계준·김봉순·정재윤 등이 있었다. 고당은 김동원, 오윤선 장로와 함께 이 교회의 '3장로'로 평양 사회를 이끌었다. 이들은 계리에 있는 오윤선 장로의 집 사랑방에 모여 평양 사회에 산적한 문제들을 풀어나갔다. 그래서 그 시절 평양 사회에서 무슨 일이 생길 때면 사람들은 고당이 총무로 있는 평양YMCA 사무실이나 오윤선 장로의 집을 찾아왔다. 평양YMCA가 이들 3장로의 공식적인 회합장소였다면, 오윤선 장로의 집 사랑방은 비공식 아지트였던 셈이다.

고당이 산정현교회에 출석하기 시작한 것은 오산학교 교장 직을 사임하고 평양YMCA 총무로 부임한 1921년부터였다. 이때 그는 집사로 봉사하였다. 그러다가 1922년 6월 장대현교회에서 개최된 제2회 평양노회에서 오윤선 등과 함께 장로 시취를 받았으나, 요리문답에 낙제하여 오윤선보다 6개월 늦은 그해 12월에 장로로 장립을 받았다. 고당은 겸손히 교회를 섬겼다. 예배 때는 맨 앞자리에 앉았고, 당회에서는 꼭 필요한 발언만 하였다.

1937년 7월 일제가 중일전쟁을 도발하고 국가체제를 전시동원체제로 급격히 전환하면서 산정현교회에도 시련이 닥쳤다. 일제는 이른바 '국민정신총동원운동'을 전개하며 1938년 7월 국민정신총동원조선연맹을 결성하고, 도·부·군·읍·면·동·리에 지방연맹을, 직장에 직장연맹을 설치하였다. 지방연맹 밑에는 10호를 단위로 한 애국반을 조직하고, 정기적인 반상회를 열어 신사참배, 궁성요배, 일장기 게양, 일본어 상용, 방공방첩, 애국저금 등을 강요하였다. 또 1940년 2월부터 창씨개명을 단행하여 우리 민족 고유의 성명제를 일본 식 씨명제로 바꾸도록 강요하였다.

뿐만 아니라 교회에 대해서도 '종교보국'과 '일본적 기독교'로의 전향을 요구하며 신사참배와 전쟁협력을 강요하였다. 천주교와 감리교회는 일제가 개정 신사규칙을 공포하여 면 단위마다 신사를 세우게 하고 참배를 강요한 1936년에 이미 신사참배는 종교의식이 아니라 국가의식이라 하여 교단차원에서 그것을 인정하였다. 끝까지 버티던 장로교회도 1938년 9월 조선예수교장로회 제27회 총회에서 신사참배 결의안을 통과시키면서 결국 일제의 압력에 굴복하고 말았다.

이렇게 교회가 일제의 압력에 굴복하여 신사참배를 받아들일 때 평양에서 그 반대운동의 선봉에 선 것이 주기철 목사와 조만식 장로가 시무하

동방요배 장면

는 산정현교회였다. 주기철 목사는 순교를 각오하고 신사참배를 공개적으로 반대했기 때문에 일제의 주목을 받아 1938년 2월 1차 검속된 이래 1944년 4월 21일 평양형무소에서 목숨을 거둘 때까지 전후 4차에 걸쳐 5년여의 옥고를 치르고 순교하였다. 산정현교회도 주기철 목사를 따라 신사참배를 거부하다가 1940년 3월 예배당이 폐쇄당하는 수난을 겪었다.

고당과 주기철 목사의 인연은 오산학교 시절로 거슬러 올라간다. 고당이 교사로 첫 부임하던 1913년 주기철 또한 사촌형 주기용과 함께 고향 경남 웅천을 떠나 정주 오산학교에 입학하였다. 그런 인연으로 주기철은 입학해서 1916년 7회로 학교를 졸업할 때까지 고당의 지도를 받으며 제자가 되었다. 그 뒤 1925년 평양신학교를 졸업하고 부산 초량교

해방 지후 파괴되기 전의 평양신사 모습

회를 거쳐 마산 문창교회에서 목회를 하였는데, 그런 주기철 목사를 고당이 송창근 목사의 후임으로 산정현교회에 모셔오면서 질긴 인연의 끈이 다시 이어졌다. 일제가 기독교학교와 교회에 신사참배 강요를 본격화하기 시작한 1936년 7월의 일이다. 과거의 사제 관계가 한 교회의 목사와 장로 관계로 뒤바뀌어 어색할 수도 있었지만, 고당은 주기철 목사를 제자가 아닌 목사로서 존중하고 받드는 데 앞장섰다. 뿐만 아니라 신사참배에 반대함으로써 신앙 양심과 지조를 지키려는 주 목사를 격려하고 그와 동행하는 삶을 살았다. 김인서는 주기철 목사로 하여금 목사로서의 사명을 다하게 함에는 고당이 버티고 있는 산정현교회의 힘이 컸다고 하면서 이 점을 높이 평가하였다.

예전 서울 안국동교회를 양반교회라 이르면, 평양 산정현교회는 민족주의자의 교회라 이른다. 조만식 선생 외에 민족진영의 여러 거성이 장로로 시무하였다. 그래서 산정현교회의 전통은 그리스도 정신으로 화한 민족애 그것이었다. 조 장로가 오산학교 교장시대에 주기철 목사는 오산학교 학생이었으니 학교로는 조 장로가 선생이요, 교회로는 주 목사가 선생이다. 두 분이 서로 선생으로 모시는 미덕은 참 부러웠다. 그래서 주 목사의 지도라면 일일이 순종하였고, 입옥한 뒤에 전 교인이 효자가 아버지에게 드리는 정성으로 받들었다. 예배당문은 봉쇄당하였으나, 연보를 거두어 주 목사의 가정은 물론 남녀전도사의 가정에까지 매월 생활비를 제공하되, 8·15 예배당문 열기까지 계속하였다. 경찰서에서는 일본에 반역하는 주 목사에게 생활비를 제공함은 배일행위라고 번번이 위협하였으나 신의 일관한 산정현교회 성도들은 이에 굴하지 아니하였다.

고당은 주기철 목사처럼 적극적인 반대운동을 벌이지는 않았지만, 공식적인 집회에 일체 나가지 않음으로써 자신의 신사참배 거부 의사를 표시하였다. 또한 일제가 창씨개명을 강행할 때도 그에 응하지 않았다. 그래서 산정현교회에서는 고당을 선두로 오윤선·유계준·박정익·정재윤 장로와 네 명의 청년 집사까지 모두 아홉 명이 창씨개명을 않고 버텼다고 한다. 일제는 예배당은 폐쇄시킬 수 있었지만, 고당과 주기철 목사, 그리고 산정현교회 성도들의 신앙 지조를 꺾지는 못했다. 그러한 면에서 진정한 승리자는 고당과 주기철과 산정현교회였다.

회유와 압박, 그리고 은둔

침략전쟁에 광분한 일본 군국주의자들은 1940년 9월 독일·이탈리아와 3국동맹을 체결한 데 이어, 1941년 12월 하와이 진주만을 기습하며 미국과의 전쟁 이른바 태평양전쟁을 일으켰다. 그런데 전쟁이 장기화하면서 자원이 고갈되어 가자 일제 당국은 전시 경제통제를 한층 강화하여 1939년부터 미곡 공출과 배급제를 실시하고, 1943년에는 이를 주요 식량 전부로 확대하여 조선식량관리영단을 통해 그 유통을 철저히 통제하였다. 또한 1937년 중요산업통제법을 조선에 적용하여 조선 공업을 군사적으로 재편하고, 1942년 전시 기업정비를 강행하였으며, 1944년에는 각 공장에 군수물자 생산의무량을 할당하는 군수생산책임제를 실시하였다. 심지어는 국민총력조선연맹의 애국반을 가동하여 각 가정의 밥그릇, 요강 같은 쇠붙이까지 샅샅이 뒤져 빼앗아갔다.

전시 물자총동원뿐만 아니라 인력에 대한 강제동원도 잇따랐다. 1939년 국민징용령을 공포하여 처음에는 모집 형식으로 사람들을 끌고 가다가, 태평양전쟁 이후에는 행정력을 총동원하여 근로보국대·정신대 등의 이름으로 노동력을 강제 연행하여 광산·군수공장·공사장의 인부나 군위안부로 활용하였다. 또 1938년 육군지원병훈련소를 설치하여 징병제 실시 이전까지 약 17,000명의 조선청년들을 육군특별지원병으로 끌고 갔고, 1943년에는 학도지원병제를 실시하여 4,500명 가까운 학생들을 강제 연행하였다. 그리고 1944년 4월에 징병제를 실시하면서는 1년여 동안 무려 21만 명의 조선청년을 끌고 가 전쟁터의 총알받이로

전시 총동원 때 수탈된 물자들

삼았다. 나아가 일반인에게도 군복 비슷한 국방색 국민복을 입히고, 빡빡 깎은 머리에 군모 비슷한 국방모를 씌웠으며, 다리에는 각반을 차고 다니게 하였다. 하지만 고당은 그에 아랑곳하지 않고 여전히 한복에 말총모자를 쓰고 다녔다.

이런 가운데 일제는 고당을 전시 국민총동원운동에 이용하려고 온갖 회유와 압박을 가하였다. 1940년 10월 국민정신총동원조선연맹이 국민총력조선연맹으로 개편된 뒤의 일인데, 한번은 평안남도 도지사가 고당과 오윤선을 초청하였다. 만나 보니 국민총력조선연맹 평남지부의 고문을 맡아달라는 요청이었다. 다시말해 침략전쟁에 협력해 달라는 압력인데, 그러한 도지사의 제안에 고당은 완곡하지만 분명하게 거부 의사를 밝혔다.

병영으로 변한 학교

우리 두 사람에게 그런 지위를 주려는 뜻은 고맙소. 그러나 우리가 민중에게 무슨 영향력을 갖고 있다면 그것은 일본의 통치에 대해 비판적 태도를 취해온 때문일 것이오. 그런데 지금 갑자기 당신들 정책에 협력하고 나선다면 민중은 우리의 언행을 믿지 않을 뿐더러 우리의 조그만 개인적 명예도 근거를 잃게 될 것이오. 따라서 우리가 국민총력연맹에 협력하더라도 도리어 연맹에 해가 될지언정 이익은 되지 못할 것이오. 이것은 쌍방이 모두 불리한 방식일 뿐이니 철회하여주시오. 오 장로도 나와 같은 생각일 줄 아오.

고당의 이 같은 거절로 도지사의 회유공작은 결국 수포로 돌아갔다.

그 뒤 고당은 둘째 아들 연창의 학병지원 문제로 또 한 차례 곤욕을 치러야 했다. 고당이 조선물산장려회를 창립하던 1922년에 태어난 둘째 아들 연창은 당시 서울 보성전문학교에 다니고 있었다. 그런데 하루는 평양경찰서 고등계 주임 마쓰모토松本란 자가 일본인과 조선인 형사 한 명씩을 대동하고 찾아왔다. 일제가 학도지원병제를 실시하여 조선인 학생들을 전쟁터의 총알받이로 끌고 가기 시작한 1943년의 어느 가을 날이었다. 마쓰모토 일행은 고당에게 친권자로서 아들 연창의 학병지원서에 찬성 도장을 찍어줄 것을 강요하였다. 고당 같은 민족 지도자가 자기 아들을 학병으로 보냈다는 선전효과를 노린 것이다. 그런 속셈을 아는 고당이 그들의 요구를 받아들일 리 없었다. 그래서 안질이 나 눈을 제대로 뜨지 못한다는 핑계로 눈을 감은 채 그들을 맞았다. 학병지원서에 도장을 찍어줄 수 없다는 무언의 시위였다. 그러나 연창은 나중에 일제의 집요한 강요에 못이겨 끝내 학병으로 나가게 된다.

이때의 일화 한 토막이다. 고당은 아들의 학병지원 권유를 하러 찾아온 마쓰모토 일행에게 차 대접을 하였다. 그런데 차의 빛깔이 검은색이라 마쓰모토는 커피인 줄 지레 짐작하고, 토산애용을 한다는 분이 지금이 어느 시국인데 사치스럽게 외제 차를 마시냐고 핀잔을 주었다. 고당은 "하하, 이것은 우리집에서 만든 자가용 커피요. 그런 걱정 마시고 맛이나 보시오"하고 천연덕스럽게 대꾸하였다. 커피 빛깔이 나는 그 차는 고당의 집에서 십수 년 전부터 콩을 볶아 가루를 내 손님접대에 쓰던 콩가루 차였다.

일제의 집요한 회유와 압박은 둘째 아들 연창의 학병지원 문제에서 그치지 않고, 학병권유 시국강연을 강요하는 것으로 이어졌다. 1944년 초엽 매일신보에는 고당이 학병권유 '시국강연'을 한다는 기사가 실렸다. 당시 평양기독병원(기홀병원의 후신) 원장으로 있던 김명선의 회고인데, 그 기사를 읽고 고당을 찾아가 자초지종을 물어보니 일본 사람들이 일방적으로 강연날짜와 장소를 잡아놓고 광고를 하고 있다며 난처해 하더라는 것이다. 그래서 김명선은 평양기독병원 내과과장 임정섭과 상의한 뒤, 강연 날짜 1주일 앞두고 만성신장염이라는 진단을 붙여 고당을 입원시켰다.

고당의 강연 일정을 널리 선전하던 총독부 쪽에서는 크게 당황하지 않을 수 없었다. 당장 형사를 보내왔는데, 마침 그 형사는 고당이 교장으로 있었던 오산학교 출신이었다. 그래서 큰 문제 없이 위기를 넘길 수 있었다고 한다. 이후 고당은 한동안 평양기독병원에 입원해 있으면서 일본 천황을 찬양하고 전쟁협력을 선동하는 이른바 '시국강연'의 광풍을 피할 수 있었다. 3·1운동에 앞서 남강이 평양 기홀병원에 병을 핑계대고 입원하여 독립운동을 추진한 일이 있었는데, 이번에는 고당이 같은 병원에 입원해 침략전쟁에 미쳐 날뛰는 일본 군국주의자들의 성화를 물리쳤으니 참으로 기이한 인연이 아닐 수 없었다.

이렇게 시국강연의 연사로 나서는 것은 피할 수 있었지만, 이때 매일신보에 실린 고당의 학병권유 시국강연과 전향 기사는 이후 두고두고 물의를 빚었다. 나중에 매일신보 평양지국 기자의 증언을 통해 밝혀진 바에 따르면, 이 기사는 평양지국장(해방 후 자살)이 허위로 날조한 것이

주기철 목사와 산정현 교회 직원

주기철 목사가 순교한 평양형무소

라고 한다. 아무리 허위 기사라 해도 대놓고 해명할 수 없는 게 당시의 실정이었다. 그래서 덮어둔 채 넘어갔는데 해방 후 고당이 완강하게 신탁통치 반대 입장을 고수하자 이 문제가 다시 불거져 나왔다. 공산주의자들이 반탁을 고집하는 고당을 민족반역자로 몰기 위해 이 기사를 끄집어낸 때문이었다.

한편 고당이 아들의 학병지원 문제로 골머리를 앓기 시작할 무렵인 1943년 8월 14일 고당에게 또 하나의 비통한 소식이 전해졌다. 평양에서 촉망받는 변호사로 이름을 날리던 맏사위 정재윤이 병으로 한창 일할 41세의 나이에 세상을 떠났다는 소식이었다. 동우회사건이 일어났을 때 백방으로 뛰어다니며 힘 있는 변호사를 물색하기에 여념이 없던 그였다. 고당은 제자인 정재윤을 숭실전문 강사 시절부터 눈여겨 보아왔고 드디어는 사위로 삼아 친자식처럼 대했다. 산정현교회에서도 두 사람은 장로로 같이 시무하며 어울렸다. 그런 사위를 떠나 보내고 나서 여덟 달 지난 1944년 4월 21일, 고당은 또 다른 부음에 한번 더 고개를 떨구어야 했다. 오산학교 시절 제자이자 산정현교회 목사인 주기철이 48세를 일기로 평양형무소에서 순교했다는 소식이었다.

그 뒤 고당은 가족을 이끌고 시끄러운 평양을 떠나 선대의 고향인 강서군 반석면 반일리 안골의 창녕 조씨 집성촌에 은거하였다. 마침 전쟁이 말기로 접어들면서 일제 당국에서는 도시주민들의 농촌 소개를 유도하고 있었다. 그러던 때에 고당은 농촌으로 소개도 하고 병도 치료한다는 명목으로 안골로 이사를 했다. 얼마 뒤에는 둘째 딸 선희가 남편 강의홍은 평양에 남겨둔 채 세 자녀를 데리고 안골로 들어왔다. 고당은 안골을 비롯한 반석면에 아버지로부터 물려받은 논이 상당히 있고 또 강서 일대에 밭이 많아 모두 1백 석거리가 되었다. 그동안 소작짓는 농민들에게 알아서 하도록 맡기고 거의 찾은 적이 없었는데 이제 그곳에 얼마간일지는 몰라도 아예 눌러 살게 된 것이다.

안골에서 고당은 어린 세 남매와 선희네 세 자녀, 모두 여섯 명의 아이를 거느리고 한적한 시골생활을 하며 일본이 패망할 날만을 손꼽아 기다렸다. 이때 고당은 부인 전선애 여사에게 "조선이 독립되기 전에 내가 죽으면 비석에 눈 두개를 그려서 한 눈으로는 일본이 망하는 것을 보고 또 한 눈으로는 조선이 독립하는 것을 보게 해달라"고 비장한 유언 같은 말을 남기기도 했다. 고당의 시골 은둔생활은 1945년 8월까지 이어졌고, 그리고 8월 15일 드디어 꿈에도 그리던 해방이 왔다.

민족의 십자가를 한 몸에 지고

새 세상 평양으로

1945년 8월 15일 일본이 연합국 측에 무조건 항복을 함으로써 우리 민족은 36년 동안의 일본제국주의 압제에서 풀려나 해방을 맞이하였다. 고당은 안골에서 해방의 소식을 들었다. 그 소식을 제일 먼저 전해온 것은 큰아들 연명이었다. 연명은 바로 전날 아버지를 뵈러 왔다가, 8월 15일 자전거를 타고 평양으로 가던 도중 정오에 방송된 일본 천황의 항복방송 소식을 듣고, 가던 길을 되돌려 급히 달려와 그같은 사실을 알렸다.

해방이 되자 평안남도 지사 니시까와西川는 일본 패망 후의 수습책을 의논하기 위해 전 숭인상업학교장 김항복에게 연락해 안골에 은거 중이던 고당을 모셔와 달라고 요청하였다. 김항복은 김동원을 비롯한 몇몇 사람과 의논을 한 뒤, 8월 15일 당일로 고당의 둘째 사위 강의홍을 데리고

해방 직후의 고당
머리에 붕대를 두른 모습이 인상적이다.

안골로 급히 고당을 찾았다. 고당을 만난 김항복은 일본인 도지사의 뜻을 전달하고, 평양으로 속히 돌아와 행정권 인수에 나설 것을 권하였다.

고당은 해방 소식에 기뻐하면서도 도지사의 초청에는 선뜻 응하지 않았다. 김항복은 하는 수 없이 평양으로 돌아와 도지사에게 그 같은 사실을 알리고, 고당과 막역한 사이인 오윤선, 김동원 장로 등과 이 문제를 상의하였다. 그들은 총독부 쪽이 아닌 민중의 여망을 모아 다시 권고하기로 하고, 모시고 올 전세차를 빌려 "평양에 나와 민심을 수습해 달라"는 오윤선 장로의 친서를 고당 이웃에 살았던 송호경이란 청년편에 보냈다. 전세차가 안골 고당의 집에 도착한 것은 16일 밤 10시경이었다.

고당은 오윤선 장로의 친서를 받고도 한동안 더 심사숙고하다가 이튿날인 17일 새벽 2시에야 평양으로 향했다. 가족은 안골에 그대로 남겨둔 채였다.

평양에 도착한 고당은 사돈 강덕희가 운영하는 보화의원에 잠깐 들렀다가 계리 오윤선 장로의 집으로 갔다. 일제의 온갖 회유와 압박을 피해 안골에 은거한 지 다섯 달만에 뜻밖의 해방을 맞아 평양으로 개선한 것이다. 평양에 도착한 고당은 이제 머리와 수염이 백발로 변한 63세의 파파 노인이었다. 그러나 외유내강의 기백과 말총모자에 무릎치기 모시 두루마기 복장은 변함이 없었다. 고당은 이때 마침 뒷머리에 종기가 나 9월달까지 머리에 붕대를 감고 있었는데, 이 모습이 당시 사진으로 세상에 널리 알려져 오늘날 사람들이 기억하는 고당의 인상이 되었다.

8월 15일 정오 일본 천황이 연합국 측에 무조건 항복하는 육성방송을 했다는 소식을 들은 평양 시민들은 반신반의하면서 환호성을 불렀다. 삽시간에 평양 시내는 감동의 도가니로 변했고, 상점들은 일제히 철시를 단행하였다. 3·1운동에 이은 두 번째 철시였다. 모든 관공서는 올 스톱되었고, 전차 운행도 중지되었다. 오만방자하던 신시가의 일본인들은 절망 가운데 구시가 조선인들의 보복이 두려워 집 밖에도 나오지 못했다. 거리는 온통 환희에 찬 조선인들로 붐볐다.

해방 당일 일본인에게 폭력을 행사한 조선인은 거의 없었다. 하지만 평양신사平壤神社만큼은 청년들의 방화로 그날 저녁 불에 타 전소되었고, 입구의 문에 해당하는 화강석 도리이[鳥居]도 파괴되어 무너졌다. 황국신민화 운동의 종막을 고하는 상징적인 사건이었다. 이 같은 신사 파괴

해방 후 형무소에서 출옥한 인사들과 환영인파

는 진남포, 안주 등지에서도 일어났다.

　일제 공권력이 기능을 상실하고, 민간에서 자발적으로 조직한 치안대도 아직 변변치 못한 사실상의 무정부 상태였지만, 평양 시내는 정연한 질서를 유지하였다. 그리고 거리에는 '동진공화국 내각 명단' 같은 각종 전단이 나돌았다.

평안남도 건국준비위원회

8월 17일 새벽 안골에서 평양으로 돌아온 고당은 오윤선 장로 집에 자리를 잡고, 김병연·한근조·이주연 등 동지들과 앞으로의 대책을 논의하였다. 그들은 평안남도 일대의 민심을 수습하고 건국을 준비할 단체를 조직하자는 데 의견을 모으고, 고당을 비롯한 10명의 준비위원을 선정하여 단체의 명칭을 정하고 조직을 구성하는 작업에 들어갔다. 먼저 단체의 명칭을 서울과 마찬가지로 건국준비위원회로 하는 데 대해 일부 위원들이 충칭에 대한민국 임시정부가 있는데 새삼스럽게 건국준비라는 명칭을 써야 되겠냐며 반대하였지만, 고당이 "명칭을 가지고 그렇게 다툴 것이 있냐"고 타일러 곧 정리가 되었다. 인화단결로 모든 어려움을 극복해가자는 고당의 평소 지론에 따라 회의는 일사천리로 진행되어, 당일 고당을 위원장으로 하는 평안남도 건국준비위원회(약칭 평남 건준)가 출범하였다.

한편 서울에서는 이미 8월 15일에 여운형을 위원장, 안재홍을 부위원장으로 하는 조선건국준비위원회가 결성되어 조선총독부로부터 치안권을 인수받고 활동에 들어갔다. 해방 직전에 조직된 비밀결사 조선건국동맹을 모체로 하여 온건한 좌우익의 통일전선체로 출발한 서울의 건준은 8월 16일 오후 1시 휘문중학교 교정에서 해방 후 첫 정치집회를 개최하고 건국치안대를 조직하였다. 그리고 8월 17일 제1차 부서조직을 완료한 뒤, 당면 활동방침으로 "치안의 확보, 건국사업을 위한 민족 총역량의 일원화, 교통·통신·금융대책 및 식량대책의 강구" 등을 공표하였다.

고당을 수반으로 한 평남 건준은 8월 17일 부서 조직을 마치고, 2~3일간 오윤선 장로 집에 사무소를 두었다가 백선행기념관으로 옮겼

8월16일 휘문학교 교정에서 군중의 환호에 답하는 건준위원장 여운형

다. 그런데 치안부만은 그 옆의 건물, 종전의 경방단 자리를 사용하였다. 고당의 개인 숙소도 오윤선 장로 집에서 백선행기념관 근처의 철도호텔로 옮겼다. 그러다 소련군이 진주한 이후 다시 고려호텔로 옮겼다. 결성 당시 평남 건준의 간부진은 다음과 같았다.

   위원장: 조만식
   부위원장: 오윤선
   총무부장: 이주연
   재무부장: 박승환
   선전부장: 한재덕

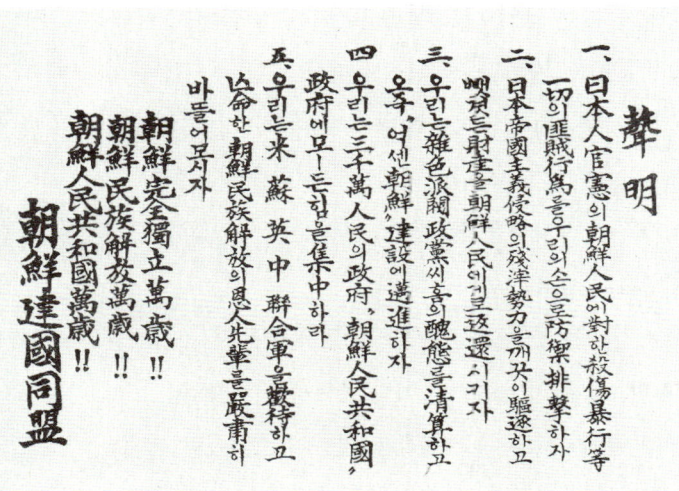

해방 후 배포된 조선건국동맹의 성명서

산업부장: 이종현

지방부장: 이윤영

교육부장: 홍기주

섭외부장: 정기수

치안부장: 최능진

무임소 위원: 김병연, 노진설, 김광진, 지창규, 한근조, 김동원

위원 구성을 통해 알 수 있듯이, 평남 건준은 기독교인과 우파 민족주의자가 중심이 된 조직이었다. 공산계로 분류할 수 있는 사람은 이주연·김광진·한재덕 정도였다. 대체적으로 기독교 배경과 토착자본가 세력

을 주류로 하는 평양 사회의 정치지형이 반영된 위원구성이었다. 평남 건준 위원을 구성할 때 될 수 있는대로 많은 인원을 포섭하자는 의견도 나왔으나, 사업을 기동적으로 하기 위해서는 소수 정예가 효과적이라는 의견이 채택되었다. 그러나 곧 조직의 대중적 기반이 취약하다는 비판이 제기되어 참사제를 신설하고, 8월 23·24일경에 각계각층을 망라한 60여 명을 참사로 선임하였다.

평남 건준은 총독부 도당국으로부터 행정권과 치안권을 이양받지는 못했지만, 각 부서별로 독자적인 활동을 전개하였다. 그러나 존속 기간이 10여 일에 불과하여 대부분의 활동이 준비 단계에서 끝나고 말았다. 먼저 선전부의 경우 서울과 연락하여 신속한 정보를 입수해 벽보와 가두방송으로 알림으로써 유언비어가 범람하는 것을 막고 민심을 안정시키는 데 힘썼다. 그리고 산업부는 전시체제하 물자의 소개 또는 재고를 조사하여 통계표를 작성 하였다. 교육부는 각 학교와 연락하여 언제든지 인수할 수 있도록 준비태세를 갖추었으며, 지방부는 각 시군 건준지부 조직을 서둘렀다. 치안부는 치안상태가 평온을 유지했기 때문에 개점휴업 상태에 있었다. 총독부 도당국으로부터 행정권과 치안권을 접수하는 문제는 일본 측에서 상부의 지시가 없다는 이유로 시간을 끌어 지지부진한 상태에 있었다.

평남 건준은 실질적인 일을 해 보지 못한 채 10여 일만에 소련군과 평남 인민정치위원회에 그 사업을 넘기고 활동을 종료하였다. 그러나 해방 후 처음 만들어진 민간 자치단체이자, 평안남도 차원을 넘어 이북 5도 전체를 대표하는 상징성을 가진 조직이라는 점에서 나름의 의미를 가졌다. 그 밖에 조선공산당(약칭 조공) 평남지구위원회가 현준혁·김용범·박정애·장시우 등이 중심이 되어 8월 17일 조직되었지만, 소련군의 진주 이전에는 세력이 미약하였다.

소련군의 진주와 평남 인민정치위원회

1945년 8월 8일 일본에 선전포고를 하고 군사작전을 개시한 소련군이 한반도에 처음 발을 들여놓은 것은 8월 12일 웅기·나진·청진 세 항구를 점령하면서였다. 그러나 이때는 이들 북쪽 항구에 한정된 작전에 그쳤고, 본격적인 진공계획이 있었던 것은 아니었다. 소련군의 본격적인 북한진주는 8월 16일 한반도 38도선 분할점령의 내용을 담고 있는 미국의 '일반명령 제1호'를 소련이 받아들임으로써 이루어졌다. 그에 따르면 한반도의 북위 38도선 이북은 소련 극동군 총사령관이, 이남은 미국 태평양지역 총사령관이 각각 군대를 진주시켜 일본군으로부터 항복을 받도록 되어 있었다.

북한 진주군이 된 소련 제1극동방면군 제25군(사령관 치스챠코프 대장, 정치위원 레베데프 소장)은 8월 17,18일에 걸쳐 만주 전구로부터 급거 남하하여, 육·해·공로를 따라 24일 함흥, 26일 평양에 입성하였다. 그에 앞서 약 30명의 소련군이 평원선을 타고 와서 평양역에 잠시 하차하였다가 경의선을 타고 38선 접경의 금교로 남하하였다. 38선을 막으라는 명령을 받고 온 선발대였다. 8월 26일 소련군이 평양에 들어오자 평양 시민들은 비로소 38선을 경계로 미·소양군이 한반도를 남북으로 분할점

원산항에 진주하는 소련군

령한다는 사실을 분명히 알 수 있었다. 그러나 그때까지만 해도 일본군의 무장해제를 위해 편의상 일시적으로 그어진 38선이 국토를 양단하는 분단선이 될 줄은 까맣게 모르고 있었다.

고당은 평남 건준 간부들과 함께 8월 26일 평양역으로 가서 소련군을 맞이하였다. 시민들은 '해방의 은인 연합군 만세', '해방의 은인 붉은 군대 만세'라는 플래카드를 써서 '해방군'으로 오는 소련군을 환영했다. 그런데 소련군이 평양에 진주해서 공식적으로 처음 한 일은 평남 건준의 해체였다.

치스챠코프 소련군사령관은 8월 27일 조만식을 비롯한 평남 건준 위원과 현준혁을 비롯한 조선공산당 평남지구위원회 간부, 그리고 니시까와西川 평남 도지사와 도우모토堂本 경찰부장을 철도호텔로 초청하였다.

해방과 더불어 한반도의 허리를 자르며 설치된 3·8선

이 자리에는 소련군 정치위원 레베데프 소장과 로마넨코 소장이 막료들과 함께 나와 총독부 도당국으로부터 행정권과 치안권을 접수하고, 평남 인민정치위원회라는 새로운 정권을 만들었다.

평남 인민정치위원회를 조직하면서 소련군은 건준을 일개 정치단체로 보고 조공 도당부와 대등하게 제휴하여 연립정권의 형식을 취할 것을 요구하였다. 그리고 인적 구성도 건준과 조공이 반반씩의 비율로 조직하게 하였다. 처음에는 위원 수를 30명으로 인선하였다가 모두 남성인 관계로, 양측에서 여성대표를 한 명씩 추가하기로 하여 건준 측에서는 박현숙을, 조공 측에서는 박정애를 각각 천거하였다. 정치기구의 명칭을 놓고는 건준 측은 정치위원회로 하자고 하고, 조공 측은 인민위원회로 하자고 해서 결국 인민정치위원회로 타협을 보았다. 위원장에는 조만식(건준), 부위원장에는 현준혁(조공)과 오윤선(건준)을 각각 선임하였는데, 그 위원 명단은 다음과 같다.

위원장: 조만식(건준)
부위원장: 현준혁(조공), 오윤선(건준)
건준 측 위원: 김병서, 김병연, 김익진, 노진설, 이윤영, 이종현, 장리욱, 정기수, 조명식, 최아립, 한근조, 홍기주, 박현숙, 김광진
조공 측 위원: 김용범, 김유창, 문태영, 송창렴, 이관엽, 이성진, 이주연, 장시우, 장종식, 한재덕, 허의순, 박정애 외 3명

고당은 평남 건준에 이어 평남 인민정치위원회에서도 위원장으로 조직을 이끌었다. 건준과 달리 인민정치위원회는 비록 소련군사령부의 감독 아래서이기는 하지만 지방정권기관으로서 실권을 가지고 있었다. 그러나 이러한 개편은 다른 한편으로 민족진영의 수적 열세를 가져왔다. 건준 측 위원으로 참여한 김광진이 사실상 공산계였기 때문이다. 거기다 과거 신간회 평양지회 해소 표결을 할 때 그랬던 것처럼 우파 인사들은 자기 일에 바빠 회의에 빠지는 일이 잦았다.

평남 인민정치위원회는 결성 이튿날인 8월 28일 회의를 갖고 각 부서의 책임자를 선출하였다. 이어 고당은 일행과 함께 만수대 위에 있는 도청으로 가서 일본인 도지사 니시까와를 만나 행정권 양도서에 서명을 받았다. 도청뿐 아니라 법원·경찰서·시청·철도·체신 등 평양시내의 주요기관들을 그날 중에 접수하였다. 또 그날부터 10여 일간에 걸쳐 일본

인 기업체의 접수가 진행되었다.

평남 인민정치위원회가 위치한 평양은 소련진주군사령부 소재지인 동시에 북한지역의 철도·전신·금융의 중심지였다. 당시 북한지역의 정치 경제는 모두 평양을 중심으로 엮여 있었다. 따라서 평남 인민정치위원회는 전북한을 관할하는 운수통신부, 석탄관리국, 전매국 등을 직속부서 또는 직속기관으로 두어 사실상 38도선 이북의 중앙정권과 같은 기능을 겸하였다.

그런데 평남 인민정치위원회의 활동은 민족진영과 공산진영의 대립으로 시작부터 매끄럽지 못하였다. 그래도 초기에는 인화를 중시하는 고당과 민족진영에 유연한 태도를 보인 현준혁 사이에 그런대로 협조가 잘 이루어져 큰 문제가 없었다. 그러나 공산당 내부 권력투쟁으로 현준혁이 암살당하면서 그 같은 공조체제도 금이 가고 말았다.

9월 3일의 일이었다. 소련군사령관의 임시사무소가 있던 철도호텔에서 회의를 마치고 나온 고당과 현준혁은 같은 자동차에 타고 호텔을 떠났다. 그리고 한 200미터쯤 지났을 때 길목에 대기하고 있던 공산당 적위대원 한 명이 운전수에게 눈짓으로 정차하라고 하였다. 차가 정지하려 할 때 그는 차에 접근해 차창 안으로 권총 두 방을 쏘았고, 고당 옆에 앉은 현준혁이 뒤로 쓰러졌다. 해방된 조국에서 그것도 백주 대낮에 정치테러가 벌어진 것이다.

평남 개천이 고향이었던 현준혁은 연희전문과 경성제대 법문학부를 졸업한 수재였다. 고당이 "현 부위원장은 아깝게 죽었어"하며 안타까와 했을 정도로, 그는 고당을 깍듯이 모셨고 고당과 원만한 관계를 유지하였다. 때문에 그의 죽음은 고당의 이후 행보에도 적지않은 부담이 되었다.

한편 평남 인민정치위원회는 10월 15일 기관지《평양민보》를 창간한 데 이어, 이튿날 19개조의 '시정대강'을 발표하였다. 그런데 이 시정대강을 두고 민족진영의 우파 인사들과 공산진영 사이에 크게 마찰이 빚어졌다. 특히 문제가 된 조항은 토지정책 부분이었다. 공산진영에서 무상몰수 무상분배의 토지개혁을 하되, 그에 앞서 소작료를 3·7제로 한다는 조항을 넣자, 오윤선 장로가 부위원장직을 사임하는 등 우파 인사들이 크게 반발한 것이다.

사실 지주제 개혁 곧 토지개혁은 친일파 청산과 더불어 해방 후 당면한 최대의 사회개혁 과제였다. 땅만 가지고 있다 해서 생산물의 5할 이상을 소작료로 거둬가는 것은 사회주의는 물론 자본주의 경제원리로 볼 때도 말이 안되는 비합리적이고 봉건적인 관행이었다. 따라서 농민생활의 안정을 위해 땅을 농사짓는 농민에게 돌려주는 토지개혁은 거스를 수 없는 역사적 과제였다. 다만 무상몰수 무상분배로 할 것이냐, 유상매상 유상분배로 할 것이냐의 방법이 문제였다. 그런데 인민정치위원회의 우파 인사들은 토지개혁 자체에 거부감을 드러냈다. 공산계에서 일방적으로 성급하게 무상몰수를 들고 나온 것도 문제지만 토지개혁에 반대하는 것은 더 더욱 문제가 아닐 수 없었다.

이에 대해 고당은 다른 우파 인사들과 달리 전향적인 입장을 취하였다. 토지개혁은 일제하에 고당의 직계라 할 배민수를 비롯한 기독청년들이 농촌연구회를 조직해 장로회 농촌운동을 주도할 때부터 이미 거론된 내용이었다. 다만 지주들의 자발적 의사를 존중하는 가운데 점진적으로 추진하려 했을 뿐이다. 그때 고당은 사회주의자들의 유물론과 무신론에 대해서는 분명한 반대 입장을 밝혔지만, 맑스를 존경하는 사람의 하나로 꼽을 정도로 사회정책 부분에서는 그들의 주장에 귀를 기울였다. 뿐만 아니라 기독교정신으로 하는 게 더 나은지, 유물론으로 하는 게 나은지 한번 경쟁해 보자고 할 정도였다. 그래서 항간에서는 고당을 기독교 사회주의자라고 하는 사람들이 있었다. 고당은 몰라도 적어도 그의 가르침에 따라 농촌운동을 했던 배민수, 유재기 같은 농촌연구회 청년들은 분명히 그런 입장을 가지고 있었다.

아무튼 고당의 중재로 시정대강의 토지정책 조항은 무상몰수 무상분배의 토지개혁을 뺀 채 '소작료는 3·7제로 함'이라는 조항만 명시하는 것으로 타협을 보았다. 이 일이 있은 뒤 가장 절친한 동지였던 오윤선 장로가 인민정치위원회에서 사실상 사퇴하고, 우파 위원들이 하나씩 월남하면서 고당은 점차 고립무원의 외로운 처지가 되었다. 그러는 가운데 평남 인민정치위원회는 11월 24일 평남 인민위원회로 이름을 바꾸었다. 좌우연립정권으로서의 색채가 그만큼 옅어진 것이다.

조선민주당의 결성

평남 인민정치위원회 위원장으로 좌우연립정권의 순항을 위해 노심초사하던 고당은 11월 3일 평양에서 민족주의 정당으로 조선민주당을 창당하고 당수로 취임하였다. 조선민주당의 창당은 고당의 자발적 의사라기보다는 소련군사령부의 적극적인 주선에 따른 결과였다. 북한에 진주

한 소련군은 한 달 가까이 현지 실정을 파악한 뒤 9월 중순부터 대북한 기본정책을 발표하였는데, 그 요지는 다음과 같았다.

① 북한 실정에 맞지 않는 소비에트 질서를 강요하기보다, 반일적 민주정당과 연합하여 친일요소와 봉건잔재(지주제)의 청산을 목표로 한 부르주아민주주의혁명을 추진한다.
② 친일분자를 제외한 모든 세력을 망라하여 노동자 농민을 중심으로 한 인민정권을 수립한다.

이 같은 방침에 따라 소련군 사령부는 김일성을 통해 수차에 걸쳐 고당을 지지하는 대중을 조직하여 민주정당을 결성하라고 권유하였다. 김일성 자신도 돕겠다고 하였다. 김일성은 백두산 일대를 근거지로 항일빨치산 투쟁을 전개하며, 1937년 6월 국경선을 넘어 보천보를 공격한 사건으로 국내에 이름이 널리 알려진 청년 공산주의자였다. 일제의 탄압으로 만주에서의 유격투쟁이 어려워지자 그는 1941년 대원들과 함께 소련 영내로 이동하여 동북항일연군 교도려의 제1교도영 영장으로 있으면서 해방을 맞이하였다.

9월 19일 원산에 상륙한 김일성은 9월 22일 고향인 평양에 도착하였는데, 소련군사령부에서는 '김일성 장군 환영 평양시민대회'를 열어 성대히 맞아주었다. 고당은 10월 14일에 열린 이 환영대회의 준비위원장을 맡아 군중들에게 김일성을 소개하였다. 또 평남 인민정치위원장 명의로 평양시내 요리집에서 김일성 가족을 위한 환영연을 베풀기도 하였다. 이후 김일성은 북한 정계의 실세로 떠올라 12월 17일 조선공산당 북조선분국의 책임비서로 선출되었고, 1946년 2월 9일 북조선 임시인민위원회 위원장에 취임하여 북한지역을 통치하였다.

연륜있는 노혁명가를 연상했던 평양시민들에게 30대 청년 김일성의 모습이 낯설었던 것은 사실이다. 그러나 고당과 김일성 사이에는 적지 않은 인연이 있었다. 김일성의 아버지 김형직은 고당의 숭실중학교 후배였고, 외할아버지 강돈욱 장로는 평양 초대교회의 지도자 가운데 하나였다. 김형직은 숭실중학교 시절 비밀결사 조선국민회의 핵심인물로 활약하다 1918년 2월 조직이 탄로나 구속되었는데, 이때 통신원겸 서기를 맡아 숭실중학 2년 선배인 김형직과 함께 활동한 게 바로 고당의 직계그룹이라 할 농촌연구회의 배민수였다. 뿐만 아니라 김일성과 함께 평양에 들어와 뒤에 북한정권의 2인자가 된 최용건은 고당이 오산학교 교장시절 직접 가르친 제자였다.

소련군 당국의 거듭되는 권유에 고당은 민족독립, 남북통일, 민주주의 확립의 3대 원칙을 정하고, 조선민주당의 창당에 들어갔다. 105인 사건(신민회사건)을 기념하여 105명의 발기인을 선정하고, 광주학생운동 기념일인 11월 3일을 택해 창당대회를 개최한 조선민주당은 3·1운동 당시의 민족대표 33인을 기념하여 33인의 상임집행위원을 선출하였다. 고당을 당수로 하고, 이윤영과 최용건을 부당수로 하여 민족진영의 정당으로 조선민주당이 깃발을 올리자, 각지에서 민중의 열렬한 호응이 잇따랐다. 그리하여 창당 3개월이 채 되지 않았는데도 북한 전역의 도·시·군·면에 지구당부가 결성되고, 당원수가 50만에 달하는 성황을 이루었다.

조선민주당이 이처럼 짧은 기간에 놀라운 발전을 한 것은 거의 전적으로 고당의 명망 덕분이었다. 사실 당의 정당 정강정책은 빈약하기 이를 데 없었다. 그렇게 된 데는 소련군 당국의 눈치를 봐야 하는 등 여러 가지 이유가 있었지만, 근본적으로는 민족진영에 아직 확고한 정치적 주체성이 없었기 때문이었다. 고당은 남북통일을 주장하며 북한만의 정권기관을 구성하는 데 유보적인 입장을 표시하고 있었다. 그러나 이유야 어떻든 북한의 민족진영은 해방직후 제대로 된 국가건설 프로그램을 마련하고 있지 못했다. 그런 가운데 소련군 당국은 조선공산당과 통일전선을 형성할 파트너를 원했고, 그래서 고당을 종용해 조선민주당을 창당토록 한 것이다.

조선민주당은 장차 구성할 북한 인민정권의 한 축을 이룰 것으로 기대를 모으며 창당 이후 한동안 순조로운 발전을 거듭하였다. 그러나 12월 28일 한반도에 대한 미·영·중·소 4개국의 신탁통치 또는 후견을 골자로 하는 '모스크바 3상회의 결정' 소식이 국내에 알려지면서 그 모든 것이 바뀌었다.

분단의 십자가를 지고

1946년 새해를 맞는 64세 노인 고당의 어깨 위에는 고난의 십자가가 지워졌다. '모스크바 3상회의 결정'이 국내에 알려지면서 여론은 신탁통치 찬성과 반대로 양분되었다. 우익은 반탁, 좌익은 찬탁을 주장하였는데,

제1회 미소공동위원회의 미·소대표들

고당 역시 소련군 당국의 3상회의 결정 지지 요구를 거부하고 반탁의 입장을 분명히 하였다.

 1945년 12월 27일 공식 발표된 '모스크바 3상회의 결정'은 ① 남조선의 미군사령부 대표와 북조선의 소련군사령부 대표로 미소공동위원회를 설치하여, ② 조선의 민주주의 정당·사회단체와 협의를 통해 임시조선민주정부를 수립하고, ③ 임시조선민주정부와 민주주의 정당·사회단

신탁통치 반대 시위

체 참여하에 신탁통치 제안서를 작성하여, ④ '최고 5개년에 걸친 4개국 신탁통치에 관한 협정'의 체결을 위해 미·소·영·중의 공동심의에 회부한다는 아주 복잡한 내용이었다.

순수한 신탁통치도 아니고, 그렇다고 즉각적인 독립도 아닌 이 애매모호한 결정은 자국에 우호적인 정부를 수립하려는 미국과 소련의 동상이몽이 만들어낸 작품이었다. 소련은 이를 '후견'이라 표현하여 신탁통치와 다르다는 인상을 주려 하였다. 반면 《동아일보》와 《조선일보》는 남북 전체를 통치할 임시민주정부를 수립하여 38도선을 없앤다는 3상회의 결정의 조항은 제쳐놓고 '신탁통치'만을 크게 부각하여 보도하였다.

나아가 《동아일보》는 한반도 신탁통치안의 제안자가 미국이었는데도, 미국은 조선을 즉시 독립시키려 하는데 소련이 신탁통치를 주장하여 그렇게 되었다고 의도적인 '오보'를 냈다.

8·15 해방은 우리가 싸워서 얻은 해방이 아니고, 연합국의 승리로 '주어진 해방'이었다. 따라서 장차 한반도의 운명을 결정하는 데 연합국 측이 가장 커다란 영향력을 행사할 수밖에 없었던 게 당시의 냉엄한 현실이었다. 그래서 중도좌파나 우파 인사들은 3상회의 결정에 '임시민주정부를 먼저 구성한다'고 한 데 주목하여, 일단 남북에 걸친 통일 임시민주정부를 수립하고, 신탁통치 제안서를 작성하는 과정에 '최고 5년'으로 정해진 기간을 없애거나 안되면 최소한으로 줄여보자는 절충안을 내놓았다.

평남 인민정치위원회 위원장으로서 고당의 그동안 행보는 중도우파에 가까웠다. 고당은 맑스주의의 유물론과 무신론에 대해서는 반대했지만, 사회주의 사회정책에 대해서는 호의적인 입장을 보였다. 중산계급의 입장만을 대변하려 한 보수 우파와 달리, 그는 일찍부터 도시서민과 소농민의 입장까지 폭넓게 대변하였다. 소련군 당국에서 그를 북한지역의 최고 지도자로 추대했던 것도 그 때문이었다. 그랬던 그가 3상회의 결정에 대해서만은 다른 중도우파 인사들과 달리 완강한 반탁의 입장을 고수하였다.

선뜻 이해가 잘 가지 않는 대목인데, 아마도 고당은 신탁통치 문제를 일제하에 제기된 자치론과 비슷하게 생각한 것이 아닌가 싶다. 또 《동아일보》의 '오보'도 적지않은 영향을 미친 것 같다. 그래서 자치론에 대해 그랬듯이 신탁통치 주장을 독립을 유보하자는 주장으로 받아들이고, 신

평양군중대회에 참석한 고당과 소련군 장성들

간회 당시와 마찬가지로 비타협 무저항의 시민불복종 노선을 걸은 것으로 보인다.

아무튼 고당의 신탁통치 반대 입장은 벽창호라는 별명처럼 흔들림이 없었다. 1945년 12월 30일경 치스챠코프 대장이 소련군사령부로 고당을 초대하였다. 이 자리에서 치스챠코프는 고당이 이끄는 조선민주당도 다른 정당 사회단체와 마찬가지로 3상회의 결정에 지지한다는 입장을 표명해 달라고 요청하였다. 고당은 이 문제가 나 혼자 결정할 일이 아니라 당의에 따라야 하니, 당에서 필요한 절차를 거쳐 결정할 때까지 시간의 여유를 달라고 대답하였다. 그리고 고당의 고려호텔 숙소에서 공산계의 최용건을 뺀 채 조선민주당 최고간부회의를 열어 '신탁통치는 찬성할 수 없다'는 결의를 한 뒤, 1946년 1월 2일 치스챠코프 대장에게 통고하였다. 치스챠코프는 김일성을 특사로 보내 3상회의 결정 지지로 번의할 것을 종용하였다. 이어 1월 3일에는 공산당 측 주최로 모스크바 3상회의 결정을 절대 지지하는 대대적인 시위행진을 전개하였다.

1월 5일 열린 평남 인민위원회 전체회의는 고당과 소련군 당국 사이에 파국을 알리는 자리였다. 소련군 당국은 이 희의를 통해 3상회의 결정 지지를 이끌어내려 하였다. 소련군 정치사령관 로마넨코 소장 이하 레베데프 소장을 비롯한 소련군 장교들이 배석한 가운데 열린 회의에서 다수표를 확신한 공산진영 위원들은 3상회의결정 지지 여부를 표결처리하자고 주장하였다. 공산진영은 16명 위원이 도두 참석했으나, 민족진영은 고당과 이윤영·김병연·박현숙·이종현·조명식·홍기주 등에 불과했고 나머지 위원 대부분은 이미 월남한 상태였다. 이에 고당은 민족의 생사가 걸린 문제를 표수로만 속단할 수 없다며 즉시표결에 완강히 반대하였다. 그러자 배석한 로마넨코 소장이 그렇다면 위원장 직에서 물러나라고 요구했다. 고당은 신탁통치 반대 입장을 다시 한번 분명히 하는 극적인 이임사를 끝으로 민족진영 인사들과 함께 회의장을 나왔다. 소련군 당국은 민족진영에 속한 친공산계 위원인 홍기주를 임시의장으로 내세우고 3상회의 결정을 지지하는 성명을 발표하였다.

이날부터 고당은 소련군 당국에 의해 숙소인 고려호텔에 연금당하는 신세가 되었다. 고당이 있는 방 맞은편 방에 경비원을 두고 두 명씩 두 시간마다 교대하며 밤낮으로 사람들의 감시했다. 면회는 특별한 경우에만 허용되었고, 둘째 아들 연창과 둘째 사위 강의홍이 같이 호텔에서 지

고당에게 술을 권하는 소련군 장성

냈다. 고려호텔은 일본인 경영하던 미네여관三根旅館이 해방후 간판을 바꿔 단 것인데 근화리에 있었다. 그 뒤로도 고당의 오산학교 시절 제자인 최용건을 비롯해 소련군 당국과 공산당 쪽에서 보낸 사람들이 신탁통치 반대 입장을 철해해 달라고 간청하러 숱하게 고려호텔을 찾아왔다. 그러나 고당은 가만히 앉아 그들의 이야기가 끝날 때까지 듣다가 조용히 '아니' 해버렸다고 한다.

설득과 회유가 모두 통하지 않자 결국 최용건은 2월 5일 조선민주당 열성자협의회를 열어 조만식 규탄선언문을 채택하고, 고당을 따르는 주요간부들을 제명처분한 뒤 강양욱을 임시당수로 선출하였다. 그러다 나중에는 자신이 직접 당수가 되어 당을 완전히 장악하였다. 더불어 평양

시내 큰 거리에는 '민족반역자 조만식을 타도하라'는 현수막이 내걸렸고, 건물 담벼락에는 그런 종류의 벽보가 나붙었다. 공산당 측의 소행이었다. 이렇게 압박을 가해가는 속에서도 소련군 당국은 고당이 3상회의 결정을 지지하겠다고 번의만 하면 언제든지 북한지역 최고지도자로서 지위와 권한을 넘길 용의가 있다고 비쳤다고 한다. 그러나 고당은 묵묵부답이었다.

한편 고당이 소련군 당국에 억류된 뒤 그를 구출하여 남한으로 모시려는 비밀공작이 평양과 서울에서 수 차례 추진되었다. 그중에는 고당과 직접 대면하는 데 성공한 경우도 있었다. 그러나 고당은 "이북 동포를 버려두고 나 혼자 월남할 수는 없는 노릇이다. 아무래도 이 민중을 버리고 떠날 수는 없겠다"며 거절했다고 한다. 민족분단의 십자가를 한 몸에 걸머질 각오를 한 것이다.

1946년 가을 부인 전선애 여사가 마지막으로 고당을 면회했을 때, 고당은 누런 종이의 편지봉투를 건넸다. 봉투에는 고당의 만년필 글씨로 "檀紀 四二七九年 三月 十日, 西紀 一九四六年 三月 十日, 頭髮"이라고 씌어 있었고, 안에는 머리카락이 들어 있었다. 부인과 마지막으로 만나기 반 년 전, 연금생활 두 달 뒤에 이미 이대로 죽을지도 모른다는 예감을 한 것이다.

연금이 장기화되면서 고당은 점차 잊혀진 인물이 되어갔다. 그러다가 다시 세인의 관심을 끌게 된 일이 있었는데, 그 하나가 1947 7월 2일 미소공동위원회 미국 측 대표로 평양에 머무르던 브라운 소장과의 회견이었다. 브라운 소장이 평양을 방문한 것은 북한의 정당 사회단체 대표들을 만나기 위해서였다. 1947년 5월 21일부터 재개된 미소공위가 임시 조선민주정부 수립을 위한 준비 절차로 남북한 정당사회단체협의회를 개최하자는 합의를 본 데 따른 조치였다. 브라운 소장은 소련군 대표의 입회없이 단독으로 고당을 만나겠다고 제의해 승인을 받고, 미군 대표단이 타고 간 특별열차 안에서 고당을 만났다. 브라운 소장은 고당이 건강하고 태연자약했다고 전했는데, 이 자리에서 고당은 신탁통치 문제보다 통일민족국가의 수립 여부를 더 염려했다고 한다.

다음으로 고당의 이름이 언론에 오르내린 것은 1950년 6월 북한에서 평양방송을 통해 북에 억류된 조만식과 남에 구속되어 있는 김삼룡·이주하를 맞교환하자고 제의하면서였다. 이에 대해 남한의 이승만 대통령은 유엔 한국위원회의 중재 하에 고당을 먼저 보내주면 받아들이겠다는 조건부 수락 방침을 밝혔다. 북한에서 남한의 조건부 교환제의를 거절하자, 남한 정부는 6월 24일 여현에서 맞교환하자는 수정 제의를 했다. 그리고 6·25전쟁이 터졌다. 북한에서 전쟁 도발 준비를 은폐하기 위해 고당을 이용한 것이다. 남한 정부 또한 교환에 적극적 의지가 있었던 것은 아니고, 정치공세로 이용했다. 끝까지 민족분단의 희생양으로 수난을 겪은 셈이다.

북한에서 고당과 김삼룡·이주하의 교환을 제안할 무렵 고당은 고려호텔에서 평양 교외 미림리에 있는 치안국 청사(예전 미쓰이비행기제작소)에 이감되어 있었다. 그러나 6·25전쟁이 터지고 나서의 행방은 아직도 묘연하다. 고당의 최후에 대해서는 10월 15일 비오는 밤에 대동강변 내무성 정보처에서 한규만 소좌가 지휘하는 북한 내무서원들의 총탄에 맞아 사망했다는 설(《동아일보》 1962년 4월 6일자 〈죽음의 세월〉)이 있고, 김일성의 지시로 10월 18일 처형당했다는 설(박길룡 전 북한외무성 제1부상의 증언)이 있다. 정확한 사실을 확인할 길은 없으나, 고당조만식선생기념사업회에서는 북한 정부에서 고위직을 역임한 박길룡의 증언이 보다 신빙성이 있다고 보고 10월 18일을 기일로 삼아 해마다 추모식을 거행하고 있다.

고당 조만식은 흔히 인도의 정신적 지도자 마하트마 간디에 비견된다. 상인 집안 내지 그 카스트 출신으로 식민본국의 심장부에 유학하여 법학을 전공한 이력이라든지, 일상에서 몸소 토산장려의 모범을 보이며 민중의 교사로 나선 점에서, 그리고 강한 종교적 신념을 바탕으로 비폭력 무저항의 민족운동을 이끌어 나간 점에서 두 사람은 닮음꼴이었다. 그런데 두 사람은 최후마저도 비슷했다.

제2차 세계대전이 끝난 뒤 간디는 힌두교도와 이슬람교도, 시크교도가 평화롭게 더불어 사는 하나된 인도의 건국을 소망하였다. 그러나 현실은 간디의 바램과 달리 힌두교도가 다수를 차지하는 인도와 이슬람국가 파키스탄이 각각 분리 독립하는 것으로 나타났다. 설상가상으로 인도 각지에서 힌두교도와 이슬람교도 사이에 폭동이 일어나 수많은 양민이 학살당하는 사태가 속출하였다. 이 때 간디는 두 종교의 화해와 공존을 외치며 마지막 단식에 들어갔고, 악화일로에 있던 종교분규는 점차 진정의 기미를 보였다. 하지만 1948년 1월 30일 고드세라는 반이슬람 힌두교 근본주의자가 쏜 총탄에 최후를 맞아야 했다. 그의 주검은 힌두교도와 이슬람교도 사이에 평화를 되찾는 제물로 불살라졌다.

고당 또한 간디와 마찬가지로 동족상잔의 비극적 전쟁이 한창이던

이혜련 여사의 고국 방문 때 만난 고당 부인 전선애 여사(왼쪽)와 이혜련 여사

1950년 10월 민족의 제단에 자신의 한 몸을 바쳤다. 해방 후 대부분의 정치지도자들이 서울로 눈길을 돌리며 저마다의 정치적 야심을 불태울 때, 그는 자신의 삶의 터전인 북녘 땅의 민중과 더불어 묵묵히 새 나라 건설의 과업을 수행했다. 모스크바 3상회의 결정 이후 38도선 이북을 통치하는 소련군 당국과 갈등을 빚어 숙소인 고려호텔에 연금당하는 고초를 겪으면서도 그는 주변의 월남 권유를 거부하고 홀로 평양에 남았다. 3상회의 결정을 지지하겠다고 입장만 바꾸면 북한지역 최고지도자의 지위와 권한을 넘길 용의가 있다는 소련군 당국의 회유도 거부한 채 고난의 가시밭길을 걸었다.

그가 월남을 거부한 것은 북녘 땅의 민중과 생사고락을 함께 하겠다는 의지의 표현이고, 북한지역 최고지도자의 유혹을 뿌리친 것은 반쪽짜리 분단정부에 대한 거부였다. 민족분단의 현실을 받아들이려 하지 않은 것이다. 때문에 분단체제가 굳어져 가는 속에서 그가 선택할 수 있는 길은 그 십자가를 지는 것밖에 없었다. 민족분단의 현실이 봉합될 수만 있다면 어떠한 고난도 달게 받겠다는 심정이 아니었나 싶다. 그래서 부활의 신앙으로 통일의 새벽을 내다보며 분단의 십자가를 짊어진 것 같다.

그동안 고당은 반공투쟁의 정신적 지주로 받아들여져 왔다. 그러나 고당이 반공을 목놓아 외친 적은 없었다. 으히려 '네 원수를 사랑하라' 한 예수 그리스도의 말씀을 실천하려 하였다. 해방 후 소련군 당국과 공산주의자에게 적지않은 핍박을 받고 또 희생을 당했지만, 그가 내세운 것은 언제나 민족의 인화 단결이었다.

그가 철저한 반공주의자였다면 아마도 월남의 길을 택했을 것이다. 그러나 그에게는 민족이, 그동안 온갖 생사고락을 함께 해 온 북녘 땅의 민중이 무엇보다 소중했다. 그래서 간디가 걸었던 마지막 길을 따라 분단의 십자가를 지고 기꺼이 자신의 한 몸을 희생제물로 내어 놓았다. 그러한 면에서 고당의 최후는 민족의 화해와 통일, 나아가 인류 평화라는 지평에서 다시 살펴져야 할 것이다.

조만식의 삶과 자취

1883	2월 1일(음력 1882년 12월 24일). 평양에서 창녕 조씨 경학과 진강 김씨 경건 사이에 1남 2녀(조보패, 조은식) 가운데 외아들로 출생. 부친 조경학은 평안남도 강서군 반석면 반일리 내동(안골 창녕 조씨 동족촌락)의 향반 중소지주 출신으로, 평양 상점에서 회계 장부를 정리하는 서사 노릇을 하다 독립하여 물산객주(위탁판매업)를 자영
1888~1896	평양 관후리에 있는 서당에 나가 훈장 장정봉 밑에서 한문 공부, 한정교·김동원 장로와 동문수학
	조장손曺長孫이란 애칭으로 불리며 날파람의 명수, 평양성 석전의 열렬한 응원꾼으로 개구쟁이 어린 시절을 보냄
1895	두 살 연상의 박씨와 결혼
1897~1904	평양 종로거리에 무명과 베를 파는 백목전을 차리고 상업에 종사, 이후 서당 동창생 한정교와 동업으로 지물포 경영. 상인들 사이에서 술 잘하는 대주가로 명성을 떨침
1898	첫 아들 칠숭 출생. 정신미숙아로 1907년 사망
1902	부인 박씨와 사별. 안주 태생의 전주 이씨 의식(당 17세)과 재혼
1904	3월. 러일전쟁의 전화를 피해 가족을 따라 대동강 중류 베기섬으로 피난. 이 무렵 친구 한정교의 전도로 기독교에 입교
1905	평양 숭실중학교에 입학하고 금주단연을 단행. 베어드 교장의 지도를 받으며 민족구원의 신앙을 내면화
1908	3월. 숭실중학교 졸업. 일본으로 유학, 도쿄 세이소쿠영어학교正則英

	語學校에 입학해 영어와 수학 공부
1909	5월. 도쿄 한인교회 조직(초대 목사 한석진), 김정식·오순형과 함께 영수로 추대, 도쿄 대한(조선)기독교청년회YMCA 회장 역임
1910	4월. 메이지대학 전문부 법학과 입학
	3월 25일(음). 장녀 선부 출생
	8월. 경술국치
1911	7월. 백남훈·김영섭 등과 함께 장로교·감리교 연합의 도쿄 조선인 교회 설립
	가을 송진우·안재홍 등과 함께 도쿄 조선유학생친목회 창립
1912	봄 일본 당국에 의해 강제 해산
1913	3월. 메이지대학 전문부 법학과 졸업
	4월. 평북 정주 오산학교 교사로 초빙
1914	5월 20일(음). 장남 연명 출생
1915	5월. 오산학교 교장에 취임
1916	5월 15일(음). 차녀 선희 출생
1919	2월. 오산학교 교장 사임
	3월 1일. 3·1독립만세운동
	3월 4일. 도인권과 함께 중국 상하이로 망명을 시도하다 평남 강동군 열패에서 체포되어 평양형무소에 투옥
1920	1월. 가출옥으로 평양형무소 출감
	4월. 평양금주동맹회 창립
	7월. 평양에서 조선물산장려회 발기, 임시회장으로 발기인회 주재
	9월. 오산학교 교장으로 다시 부임, 3·1운동 직후 잿더미로 변한 학교 재건
1921	3월. 평양YMCA 창립. 오산학교 교장을 그만두고 평양으로 돌아와

	평양YMCA 초대 총무에 취임(회장 김득수, 부회장 김동원)
	10월. 양고아구제회와 평양고아원 설립
	12월. 평양실업저금조합 설립, 이듬해 여름부터 '대동강'이란 상표를 붙인 잉크 제조 판매
1922	6월. 평양 조선물산장려회 창립, 회장에 취임
	4월 5일(음). 차남 연창 출생
	12월. 평양 산정현교회 장로로 장립. 김동원, 오윤선 장로와 이 교회 '3장로'로 20여 년을 두고 평양의 기독교계와 일반 사회를 지도
1923	2월. 평양 조선물산장려회 주최로 조선물산장려 선전 캠페인 전개, 이후 매년 음력 설날 연례 행사로 정착
	3월. 서울에서 조선민립대학기성회 발기총회 개최, 중앙집행위원 겸 지방순회위원으로 활약
	4월. 평양 숭덕학교 고등과를 모체로 숭인중학교 설립
1925	2월. 관서체육회 창립, 오산학교 교장에 세 번째 취임
	11월. 오산학교 5년제 고등보통학교로 승격
1926	6월. 6·10만세운동
	8월. 오산고보 교장 직 사임
	9월. 평양 숭실전문학교 강사로 법제와 경제 강의
	10월. 김능수·김병연·한근조 등과 함께 평양절약저금식산조합 창립
	12월. 조선YMCA연합회 도시부 위원에 선임
1927	1월. 민족협동전선 신간회에 발기인으로 참여, 2월 서울 중앙YMCA 회관에서 창립총회 개최
	3월. 백선행기념관(평양공회당) 착공. 숭인중학교 교장에 취임
	여름 평양YMCA 농촌사업에 착수
	12월. 신간회 평양지회 설립, 회장에 추대

1928	9월. 숭인중학교 교장직 사임
	12월. 평양의 조선인 상공업 지도기관으로 평양상공협회 설립
1929	5월. 백선행기념관 개관식 사회
	5월. 기독신우회 창립, 발기인과 평의원으로 참여
	6월. 배민수, 유재기 등 청년학생들이 중심이 되어 평양에서 기독교 농촌연구회 조직
	8월 20일. 장녀 선부, 정재윤과 결혼.
	11월 3일. 광주학생운동
1930	2월. 평양YMCA 회관을 채관리에서 설암리 123번지로 이전, 평양상공협회와 신간회 평양지회도 같은 장소에 사무실 마련
	3월. 평양협동저금조합 조직
	4월. 숭인중학교를 갑종 상업학교로 변경, 학교 경영
	4월 14일(음). 부친 조경학 옹 향년 74세로 별세
	12월. 백선행기념관에서 신간회 평양지회 제4회 정기대회 개최, 집행위원장 조만식의 해소 반대 입장 표명에도 찬성 18표, 반대 13표로 해소 지지를 표결
1931	3월. 관서체육회 제3대 회장에 취임
	4월. 관서협동조합경리사 설립, 이사장에 취임
	4월 19일(음). 모친 김경건 여사 향년 67세로 별세
	5월. 민족협동전선 신간회 전체대회를 개최하여 해소를 결의
	7월. 만보산사건에 격분한 평양 군중이 시내 중국인 상점과 가옥을 파괴하고 130여 명의 화교를 타살하는 사건 발생. 평양 각 단체 연합성명을 발표하고 오윤선 장로 등과 함께 거리로 나서 사태를 수습하는 데 진력
	9월. 일제의 만주 침략

	12월. 인정도서관 개관
1932	4월 29일. 윤봉길 상하이 홍커우공원 의거, 도산 안창호 피체, 국내 압송
	5월. 조선기독교절제운동회 조직, 공동회장에 선임
	10월. 평양 YMCA 총무 사임
	11월. 서울로 활동무대를 옮겨 조선일보 제8대 사장에 취임
1933	3월. 방응모가 조선일보의 판권을 인수
	6월. 조선일보의 주식회사 창립총회 개최, 자본금 30만 원의 주식회사로 전환
	7월. 조선일보 사장 사임, 후임에 방응모 취임
1935	11월. 평양기독교계 사립학교장 신사참배거부
	12월 18일. 부인 이의식 여사 향년 50세로 별세
1936	5월. 평양에서 을지문덕 묘산수보회 설립, 회장에 취임
	8월 10일. 차녀 선희, 강의홍과 결혼
1937	1월 8일. 서울 천향원에서 개성 호수돈여학교 교사 전선애 여사(당 34세)와 결혼
	4월. 조선물산장려회, 관서체육회, 을지문덕 묘산수보회의 해산을 강요받음
	6월 16일. 동우회사건으로 평양에서 체포되어 서울로 이송되었다가 28일 풀려남
	7월 7일. 노구교사건, 중일전쟁 발발
1938	2월 2일. 3녀 선영 출생
	3월 10일. 안창호 사망, 장의위원장 자격으로 장례식 주관
	7월. 일제가 국민정신총동원조선연맹 결성, 지방연맹과 직장연맹, 애국반 반상회 설치

	9월. 조선예수교장로회 제27회 총회에서 신사참배 결의안 통과
1940	2월. 창씨개명 제도 강행
	2월 6일. 3남 연흥 출생
	3월. 신사참배 반대로 산정현교회 예배당 폐쇄
	10월. 일제의 국민총력조선연맹 결성, 평남지부 고문 제의 거절
1941	12월. 일본 하와이 진주만 기습, 태평양전쟁 발발
1942	11월 14일. 4남 연수 출생
1943	8월 14일. 맏사위 정재윤 변호사 향년 41세로 별세
	가을 일제가 학도지원병제를 실시하며 둘째 아들 연창의 학병지원을 강요, 고당의 반대에도 연창은 부친의 고충을 덜기 위해 자진 학병 지원
1944	초엽 《매일신보》에 고당의 학병권유 시국강연 광고, 병을 핑계로 평양기독병원에 입원하여 위기를 모면
	4월 21일. 산정현교회 주기철 목사 평양형무소에서 순교
	일제의 회유와 압박을 피해 선대의 고향인 평남 강서군 반석면 반일리 안골에 은거
1945	8월 15일. 해방
	8월 17일. 평양으로 귀환, 평안남도 건국준비위원회 결성, 위원장에 취임
	8월 26일. 소련군의 종용에 따라 공산진영과 연립으로 평남인민정치위원회 수립, 위원장에 피선
	10월 28일. 북조선 5도행정국 발족, 조만식 위원장 취임 거절
	11월 3일. 평양에서 조선민주당 결성, 당수에 선임(부당수 이윤영, 최용건), 수개 월 만에 50만 당원 확보
	11월 23일. 신의주에서 대규모 반공·반소 학생시위 발생(신의주학생

	사건)
	12월 27일. 모스크바 3상회의, 미·소·영·중 4개국의 최고 5개년에 걸친 한반도 신탁통치(후견) 결정
	12월 30일. 소련군사령관 치스챠코프 대장이 모스크바 3상회의 결정 지지를 요구
1946	1월 5일. 평남 인민위원회 전체회의 자리에서 3상회의 결정에 반대, 당일 소련군에 의해 평양 고려호텔에 연금
	2월 5일. 조선민주당 열성자협의회가 개최되어 조만식 규탄선언문을 채택하고 강양욱을 임시 당수로 선출
1947	7월 2일. 미소공동위원회 미 측 대표로 평양에 체류 중인 브라운 소장과 회견
1948	8월 15일. 대한민국정부 수립
	9월 9일. 조선민주주의인민공화국 수립
	11월 27일. 전선애 여사 등 가족 월남
1950	6월 10일. 북한에서 평양방송을 통해 조만식과 김삼룡·이주하의 맞교환을 제의
	6월 25일. 6·25전쟁 발발
	10월. 북한 인민군의 평양 후퇴 과정에서 사망한 것으로 추정
1970	8월 15일. 건국공로훈장 대한민국장 추서
1976	1월. 사단법인 고당조만식선생기념사업회 설립
1984	6월 12일. 고당기념관 건립(서울 중구 저동 2-4)
1991	11월 5일. 동작동 국립묘지에서 고당 조만식선생 추모·안장식을 거행하고 전선애 여사에게 건네준 두발을 유해삼아 국가유공자 제2묘역에 안장

신문 잡지

- 일보』;『조선일보』
- 『태극학보』;『학지광』
- 『개벽』;『별건곤』;『신민』;『동광』;『삼천리』;『신동아』;『중앙』;『조광』;『청년공론』;『민성』
- 『신가정』;『아희생활』;『소년중앙』;『동화』
- 『농민』;『조선물산장려회보』;『등대』;『대평양』;『사상휘보』
- 『기독신보』;『청년』;『진생』;『농민생활』;『종교시보』;『농촌통신』;『기독교보』

- 조만식,「기독교와 실생활」,『청년』 7-7, 1927. 9.
- 조만식,「조선기독교학생의 태도와 사명」,『청년』 9-8, 1929. 9.
- 조만식,「생활개신과 소비절약」,『동광』 20, 1931. 4.
- 조만식,「우리의 기대하는 지도자」,『종교시보』 2-2, 1933. 2.
- 조만식,「토산애용의 근본의의」,『농민』 4-6, 1933. 6.
- 조만식,「조선기독교의 해부」,『농민생활』 5-11, 1933. 11.
- 조만식,「간듸, 인물과 최근운동」,『삼천리』 6-7, 1934. 6.
- 조만식,「신년의 기원: 긴급한 다섯가지」,『신동아』 5-1, 1935. 1.
- 조만식,「향락과 안일을 버리자」,『신가정』 3-9, 1935. 9.
- 조만식,「기독교인의 생활」,『기독신보』 1935. 9. 18.

- 조만식, 「신년의 기원: 중심기관의 재조직」, 『신동아』 6-1, 1936. 1.
- 조만식, 「청년이여 압길을 바라보라」, 『삼천리』 8-1, 1936. 1.
- 조만식, 「생산과 소비와 우리 각오」, 『삼천리』 8-4, 1936. 4.
- 조만식, 「청년과 사회봉사」, 『삼천리』 8-11, 1936. 11.
- 조만식, 「기독청년의 이상」, 『삼천리』 9-1, 1937. 1.
- 조만식, 「농촌청년의 임무」, 『조광』 3-1, 1937. 1.
- 조만식, 「월남 이상재선생 추도사」, 『조광』 3-3, 1937. 3.
- 조만식, 「서(恕) 인(忍) 근(勤)」, 『조광』 3-5, 1937. 5.
- 조만식, 「신년의 신의견 – 죽기로써 향토를 지켜야 하겟습니다」, 『개벽』 31, 1923. 1.
- 조만식, 「기근구제 응급방침 – 재산가의 참된 동정 무엇보다 첩경」, 『동아일보』 1925. 1. 1.
- 조만식, 「내것은 내힘으로」, 『조선일보』 1927. 2. 15.
- 조만식, 「평양인사의 평양관」, 『동아일보』 1928. 1. 1
- 조만식, 「건설중의 대평양 상공진흥책은 여하」, 『동아일보』 1928. 9. 27.
- 조만식, 「평양인사 신년소감 – 신사업 세가지 가능」, 『동아일보』 1930. 1. 1.
- 조만식, 「전조선 주요도시 16처 인사의 지방문제관」, 『동아일보』 1930. 4. 4.
- 조만식, 「평양사회단체: 신간회」, 『등대』 12, 1930. 9.
- 조만식, 「평양사회단체: 조선물산장려회」, 『등대』 12, 1930. 9.
- 조만식, 「사회사업기관: 인정도서관」, 『등대』 12, 1930. 9.
- 조만식, 「지방인사의 '한글'찬 – '한글' 보급은 조선민족의 의무」, 『조선일보』 1930. 11. 20
- 조만식, 「축복된 평양의 비약적 대발전, 제산과 사회 양사업으로」, 『조선일보』 1931. 1. 2.

- 조만식, 「조선운동은 협동호 대립호, 신간회 해소운동 비판 – 어인에 이를 줌은 대금물」, 『삼천리』 12, 1931. 2.
- 조만식, 「오직 우리의 경제적 단결」, 『동아일보』 1931. 4. 14.
- 조만식, 「세계 십대인물 공천」, 『동광』 29, 1932. 1.
- 조만식, 「세계개조 사안」, 『신동아』 2-1, 1932. 1.
- 조만식, 「전쟁시비론」, 『신동아』 2-2, 1932. 2.
- 조만식, 「제삼자의 엄정한 비판과 고언 – 천도교 영도급의 흉도문제」, 『신동아』 2-6, 1932. 6.
- 조만식, 「새해선물. 그1, 웃어른들이 주시는 말슴」, 『아희생활』 8-1, 1933. 1.
- 조만식, 「향락과 사치의 껍데기를 벗자」, 『동아일보』 1933. 1. 5.
- 조만식, 「취임에 임하야」, 『조선일보』 1933. 4. 26.
- 조만식, 「사장을 사퇴함에 제하여」, 『조선일보』 1933. 7. 18.
- 조만식, 「이동좌담회: 하기계몽운동에 대한 제씨의 의견」, 『신동아』 3-7, 1933. 7.
- 조만식, 「각계 제선생의 축사」, 『종교시보』 2-12, 1933. 12.
- 조만식, 「축구통제 반대의 봉화 – 과거와 현재의 공로를 무시」, 『동아일보』 1934. 4. 15.
- 조만식, 「서양인 처음 보던 인상」, 『신동아』 4-6, 1934. 6.
- 조만식, 「축사」, 『대평양』 1-1, 1934. 11
- 「반월도를 제공한다면. 기1, 조만식씨와 대화」, 『대평양』 1-1, 1934. 11
- 조만식, 「승패를 초월해 도덕을 지키라」, 『조선일보』 1935. 1. 1.
- 조만식, 「나의 당부」, 『소년중앙』 1-1, 1935. 1.
- 조만식, 「명사 제씨의 학생시대 회고」, 『신동아』 5-4, 1935. 4.
- 조만식, 「아관(我觀) '장개석 간듸 트로츠키' 이 세 인물은 이제는 과거사상

의 인물이 되엇는가, 또는 재기가 기대되는가?」, 『삼천리』 7-8, 1935. 9.
- 조만식, 「우리의 제일 주의는? - 중심단체 조직」(조만식), 『삼천리』 8-2, 1936. 2.
- 조만식, 「이것을 고치자 - 허영과 남비」, 『중앙』 4-2, 1936. 2.
- 조만식, 「축복」, 『동화』 1-1, 1936. 2.
- 조만식, 「사괴는 동무와 가는 곳을 가리자」, 『동화』 1-2, 1936. 3.
- 「도박과 조만식: 평양의 깐디 조만식선생과의 도박철학 일문일답기」, 『중앙』 4-3, 1936. 3.
- 조만식, 「실업청년구도책 지상좌담」, 『청년공론』 1-2, 1936. 6.
- 조만식, 「평양인의 평양관, 언론기관과 중심단체 필요」, 『동아일보』 1936. 6. 3.
- 조만식, 「창간1주년기념 각계 명사의 축사」, 『조광』 2-11, 1936. 11.
- 조만식, 「그들의 청년학도시대」, 『조선일보』 1937. 1. 6.
- 조만식, 「명의만이라도 교회측」, 『조선일보』 1937. 10. 21
- 조만식, 「생활개선책은? 백가지 이론보다도 한가지의 실행부터」), 『조선일보』 1938. 1. 6
- 조만식, 「새 조선을 위해 : 본지 창간과 각계의 격려」, 『민성』 1, 1945. 12.
- 이승훈, 「서북인의 숙원신통」, 『신민』 14, 1926. 6

전기류 기타
- 조영암, 『고당 조만식』, 정치신문사, 1953.
- 고당전·평양지간행회, 『고당 조만식』, 평남민보사, 1966.
- 전영택 편, 『조만식』, 대한계명협회, 1967.
- 한근조, 『고당 조만식』, 태극출판사, 1972.
- 김교식, 『조만식』, 계성출판사, 1984.

- 최홍규, 『조만식』, 동서문화사, 1984
- 고당기념사업회, 『고당 조만식 회상록』, 조광, 1995.
- 홍만춘, 『고당 조만식 사상의 연구노트』, 혜림출판사, 2004.
- 김병연, 「고당 조만식선생의 편모」, 『북한특보』 1-1, 1949. 10.
- 신영우, 「고당 조만식의 민족주의와 정치철학」, 『북한』 14-2, 1985. 2.
- 유경환, 「암흑기의 등대 조만식」, 『월간조선』, 1985. 4.
- 신재홍, 「조만식과 조민당」, 『월간조선』, 1985. 8.
- 박재창, 「평남건국준비위원회 결성과 고당 조만식」, 『북한』 14-8, 1985. 8.
- 박재창, 「조선의 간디, 고당 조만식」, 『북한』 18-3, 1989. 3.

- 김도태, 『남강 이승훈전기』, 문교사, 1950.
- 김기석, 『남강 이승훈』, 태극출판사, 1979.
- 주요한, 『안도산전서』, 삼중당, 1963.
- 『도산안창호전집』 1-14, 도산안창호선생기념사업회, 2000.
- 채필근 편, 『한석진목사와 그 시대』, 대한기독교서회, 1971.
- 백남훈, 『나의 일생』, 신현실사, 1973.
- 함석헌, 『죽을 때까지 이 걸음으로』, 한길사, 1993.
- 박노원 역, 『배민수 자서전』, 연세대학교 출판부, 1999.
- 오영진, 『소군정하의 북한 - 하나의 증언』, 국민사상지도원, 1952.
- 중앙일보 특별취재반 편, 『비록 조선민주주의인민공화국』 상, 중앙일보사, 1992.

연구논저
- 강명숙, 『일제하 한국기독교인들의 사회경제사상』, 백산자료원, 1999.
- 김승태, 『한국기독교의 역사적 반성』, 다산글방, 1994.

- 김양선, 『한국기독교 해방십년사』, 대한예수교장로회총회 종교교육부, 1956.
- 김천배, 『한국YMCA운동사』, 노출판, 1986.
- 김흥수 엮음, 『일제하 한국기독교와 사회주의』, 기독교역사연구소, 1992.
- 남강문화재단 편, 『남강 이승훈과 민족운동』, 1988.
- 민경배, 『한국기독교사회운동사』, 대한기독교출판사, 1987.
- 박찬승, 『한국근대정치사상사연구』, 역사비평사, 1992.
- 방기중, 『배민수의 농촌운동과 기독교사상』, 연세대 출판부, 1999.
- 유동식, 『재일 한국기독교청년회사』, 재일본 한국YMCA, 1990.
- 이만열, 『한국기독교 수용사연구』, 두레시대, 1998.
- 이만열, 『한국기독교와 민족의식』, 지식산업사, 1991.
- 장규식, 『일제하 한국 기독교민족주의 연구』, 혜안, 2001.
- 전택부, 『한국 기독교 청년회 운동사』, 정음사, 1978.
- 조기준, 『한국자본주의성립사론』, 대왕사, 1977
- 한국기독교역사연구소, 『한국기독교의 역사』 I·II, 기독교문사, 1989·1990.
- 『숭실대학교 100년사 1』, 숭실대학교, 1997.

- 강영심, 「1920년대 조선물산장려운동의 전개와 성격」, 『국사관논총』 47, 1993.
- 김권정, 「일제하 사회주의자들의 반기독교운동에 관한 연구」, 『숭실사학』 10, 1997.
- 김명섭, 「대한민국 건국의 영웅들(3) 조만식」, 『주간조선』 2006. 8. 29.
- 김상태, 「1920~30년대 동우회·흥업구락부 연구」, 『한국사론』 28, 1992.
- 김상태, 「평안도 기독교세력과 친미엘리트의 형성」, 『역사비평』 1998 겨울.
- 김선호, 「해방직후 조선민주당의 창당과 변화」, 『역사와 현실』 61, 2006. 9.

- 김양선, 「삼일운동과 기독교계」, 『삼일운동 50주년 기념논집』, 동아일보사, 1969.
- 김인덕, 「학우회의 조직과 활동」, 『국사관논총』 66, 국사편찬위원회, 1995.
- 김현숙, 「일제하 민간 협동조합운동에 관한 연구」, 『일제하의 사회운동』, 문학과 지성사, 1987.
- 방기중, 「1920·30년대 조선물산장려회 연구」, 『국사관논총』 67, 1996, 109쪽.
- 오미일, 「1910~1920년대 공업발전단계와 조선인 자본가층의 존재양상」, 『한국사연구』 87, 1994. 12.
- 오미일, 「1910~20년대 평양지역 민족운동과 조선인 자본가층」, 『역사비평』, 1995 봄.
- 이광린, 「평양과 기독교」, 『한국기독교와 역사』 10, 1999.
- 이덕주, 「주기철 – 신앙 양심으로 민족혼을 지킨 순교자 –」, 『한국사시민강좌』 30, 일조각, 2002.
- 이승현, 「해방직후 북한 우익의 노선과 활동」, 『국사관논총』 54, 1994. 8.
- 이준식, 「일제침략기 기독교지식인의 대외인식과 반기독교운동」, 『역사와 현실』 10, 1993.
- 장규식, 「도산 안창호의 민족주의와 시민사회론」, 『도산사상연구』 6, 2000.
- 장규식, 「신간회운동기 '기독주의' 사회운동론의 대두와 기독신우회」, 『한국근현대사연구』 16, 2001.
- 장규식, 「일제하 기독교 계열의 민족경제건설론」, 『한국사상사학』 15, 2000.
- 장석흥, 「대한국민회연구」, 『한국독립운동사연구』 4, 1990, 170~172쪽.

- 조배원, 「수양동우회·동우회연구」, 성균관대 대학원 사학과 석사학위논문, 1998.
- 한규무, 「상동청년회에 대한 연구」, 『역사학보』 126, 1990.
- 한규무, 「일제하 한국 장로교회의 농촌운동」, 『오세창교수 화갑기념 한국근현대사논총』, 1995.
- 한시준, 「국권회복운동기 일본유학생의 민족운동」, 『한국독립운동사연구』 2, 1988.

찾아보기

ㄱ

강규찬 174
강덕희 189
강돈욱 203
개혁당사건 31
경신학교 47
고려공산청년회 135
고려호텔 208, 210, 212
고원훈 37
고일청 162
고진한 84, 85
관서체육회 122, 123, 164
관서협동조합경리사 103
광성학교 114
광주학생운동 142
권동진 137
금주단연동맹 102
기독교농촌연구회 146~148
기독신우회 143, 145
기홀병원 59
길선주 59
김건형 139
김광수 139
김광원 85
김광진 198

김구현 139
김규식 39, 57
김기컴 162
김기홍 68, 73
김도태 57
김동성 157
김동원 15, 78, 83, 85, 97, 99, 108, 128,
  139, 156, 165, 170, 188
김득수 28, 83
김병로 142
김병선 111, 112
김병연 20, 124, 139, 170, 191, 209
김병조 58
김동준 139
김삼룡 212
김성수 57, 136
김성업 83, 99, 139, 165~167, 170
김성원 149
김세환 60
김스월 57
김여식 97
김영기 139
김영섭 35
김우창 139
김이열 68
김인서 177

김인정 112, 119, 120
김일성 203, 209
김정덕 139
김정상 97
김정식 31, 32, 35
김준연 166
김지건 112
김찬웅 63
김필수 60
김항복 53, 57, 75, 130, 131
김현수 32
김형숙 78, 83
김형식 85, 139
김형직 203
김홍식 83
김홍일 57, 75

ㄴ

나부열 47
남산현교회 59, 63
노경오 25
노정일 35, 156, 157

ㄷ

대성학교 47, 119
대성학우친목회 84
대한독립당 135
대한유학생회 39
대한유학생회학보 37, 39
대한학회월보 37, 39

대한흥학보 37
대한흥학회의 41
도인권 65, 66
도쿄대한기독교청년회 30, 31
도쿄조선기독교청년회 35
독립신문 64
독립협회 11
동우구락부 130
동우회 124
동우회사건 169, 185

ㅁ

마펫 128
만보산사건 150, 152
맥큔 165
메이지대학 29
모락장 봉기 11
모스크바 3상회의 214
문일평 37
물산장려운동 12, 91

ㅂ

박기선 47~49
박상순 28
박석훈 63
박승명 84
박승봉 46
박은식 39
박인관 84, 96
박정익 178

박제순 28
박태성 83
박태홍 96
박학전 149, 168
박현숙 139, 209
박희도 59, 60
방윤 96, 97
방응모 159, 160, 162
배민수 147, 149, 168, 200
백남훈 32~35
백선행 114, 118
백선행기념관 116~119, 121, 167, 191
백시찬 58
105인사건 47, 84
백응현 139
백이행 47
백인제 57, 75
베어드 24, 25
변인서 83
별건곤 162

ㅅ

산미증식계획 102
산정현교회 108, 174, 175, 177
상동교회 28
서성리감옥 67
서진순 47
선우혁 59
설명화 139
세이소쿠영어학교 29
손병희 61, 63

손정도 28, 59
손창윤 96
송병준 158
송진우 41, 58, 59, 136
송창근 174, 177
송태정 166
수양동우회 97, 130, 138, 143, 145, 169
숭덕학교 62, 84
숭실전문학교 128
숭실중학 126
숭실학교 17, 24~27, 29, 72
숭인상업학교 130, 131
숭인중학교 100, 127, 128
숭인학교 108
숭현여학교 114
신간회 133, 136, 138, 139, 142, 143
신민회 46, 47
신석우 136, 158
신성학교 72
신탁통치 206, 207, 209
신흥식 59, 60

ㅇ

안명근사건 47, 65
안봉주 174
안세환 59, 60
안자홍 42, 136, 158, 159, 191
안창호 11, 14, 45, 84, 124, 138, 143, 145, 156, 166, 169, 171
안희제 156
양전백 58

양정고보 126
여운형 157, 173, 191
여준 47, 48
예종석 158
오경숙 96, 120
오기선 36, 59, 60
오산고등보통학교 74
오산학교 44, 46, 48, 54, 57, 62, 71~73, 116, 127, 176
오상근 60
오순형 32, 33
오윤선 78, 83, 91, 99, 108, 117, 128, 130, 153, 165, 166, 172, 173, 178, 189, 191
오천석 37
오치은 73
오학수 139
오화영 59, 60
오희은 73
우제순 97, 139
유계준 178
유명근 47
유승흠 37
유여대 58
유영모 47
유재기 149
유진태 158
6·10만세운동 135
윤동식 112
윤봉길 171
윤원삼 83
윤주일 112

윤치호 39
을사5적 28
을지문덕 묘산수보회 165, 167
이갑성 58, 60
이겸호 64
이광수 37, 48, 138, 161
이덕환 86
이동녕 47
이명룡 58
이보식 64
이상설 47
이상재 39, 137, 158
이상협 156
이승만 144, 145
이승복 158, 159
이승훈 12, 14, 44, 56, 60, 62, 67, 73, 107, 171
이양식 64
이영학 69
이용석 96, 124
이윤영 68, 203, 209
이은우 37
이인선 64
이인식 83
이제학 139
이종현 209
이주연 191
이주하 212
이창연 96, 97
이창환 37
이춘섭 128
이하영 83

이학수 73
이홍정 69
인정도서관 120, 121, 153
임경래 158, 159, 161
임영석 84
임종순 28
임형일 139

ㅈ

장대현교회 32, 59, 63, 67, 174
장원배 32
장정봉 15
장혜순 32
재일본도쿄조선기독교청년회 35
재일본도쿄조선유학생학우회 34, 42
전봉현 73
정두현 101, 128
정세윤 78, 124
정익경 84
정익로 84
정익성 165
정인 145
정인보 166
정일선 83
정재윤 178, 185
정춘수 59
조만식 32, 159
조명식 209
조병옥 138, 145, 156, 157, 159, 161
조선건국준비위원회 191
조선물산장려운동 92
조선물산장려회 67, 70, 76~79, 84, 85, 87, 108, 120, 164
조선물산장려회 취지서 78
조선민립대학기성회 108, 127
조선민주당 201, 204
조선유학생친목회 42
조시연 73
조신성 139
조용은(조소앙) 37
조장손 16
조종완 124, 139
조진태 158
조형균 68, 69
주공삼 36, 33
주기용 57, 75, 176
주기원 63
주기철 57, 75, 174~178
주요섭 37
주요한 37, 138, 139, 157, 159
지창규 139

ㅊ

차경석 156
차리석 25
채기두 37
최경렴 117
최광옥 25
최남선 37, 57, 156
최린 37, 60, 62, 136
최선익 157
최용건 202, 208, 210

최용훈 91
최윤옥 139

ㅌ

태극학보 37~39
태극학회 38
태화관 63

ㅍ

파고다공원 62, 63
편하설 174
평남 인민정치위원회 197, 198, 200, 207
평안남도 건국준비위원회 191
평양고아원 112, 119
평양금주동맹회 101
평양노동연맹회 90
평양상공협회 99, 139
평양신학교 176
평양실업저금조합 98
평양협동저금조합 98

ㅎ

한경직 57, 75

한근조 139, 191
한기악 159
한성회 39
한승곤 174
한영길 85, 101
한원준 156
한윤찬 128
한정교 15, 19, 22
함석헌 69, 70, 75
함태영 60, 62
합성숭실학교 25
현상윤 58
현순 60
현준혁 199
협성학교 59
호수돈여학교 168
호신중학교 130
홍기주 209
홍명희 37, 136, 156
홍성익 58
홍어길 55
홍종인 69
황성기독교청년회 31
흥사단 124
흥업구락부 144

민중과 함께한 조선의 간디 조만식

1판 1쇄 인쇄 2007년 1월 12일
1판 2쇄 발행 2020년 8월 15일

글쓴이   장규식
기 획   독립기념관 한국독립운동사연구소
펴낸이   주혜숙
펴낸곳   역사공간
         주소: 04000 서울특별시 마포구 동교로19길 52-7 PS빌딩 4층
         전화: 02-725-8806
         팩스: 02-725-8801
         E-mail: jhs8807@hanmail.net
         등록: 2003년 7월 22일 제6-510호

ISBN 978-89-90848-32-1 03900

• 잘못된 책은 바꿔 드립니다.

역사공간이 펴내는 '한국의 독립운동가들'

독립기념관은 독립운동사 대중화를 위해 향후 10년간 100명의 독립운동가를 선정하여,
그들의 삶과 자취를 조명하는 열전을 기획하고 있다.

001 근대화의 선각자 - 최광옥의 삶과 위대한 유산
002 대한제국군에서 한국광복군까지 - 황학수의 독립운동
003 대륙에 남긴 꿈 - 김원봉의 항일역정과 삶
004 중도의 길을 걸은 신민족주의자 - 안재홍의 생각과 삶
005 서간도 독립군의 개척자 - 이상룡의 독립정신
006 고종 황제의 마지막 특사 - 이준의 구국운동
007 민중과 함께 한 조선의 간디 - 조만식의 민족운동
008 봉오동·청산리 전투의 영웅 - 홍범도의 독립전쟁
009 유림 의병의 선도자 - 유인석
010 시베리아 한인민족운동의 대부 - 최재형
011 기독교 민족운동의 영원한 지도자 - 이승훈
012 자유를 위해 투쟁한 아나키스트 - 이회영
013 간도 민족독립운동의 지도자 - 김약연
014 대한민국 임시정부의 민족혁명가 - 윤기섭
015 서북을 호령한 여성독립운동가 - 조신성
016 독립운동 자금의 젖줄 - 안희제
017 3·1운동의 얼 - 유관순
018 대한민국임시정부의 안살림꾼 - 정정화
019 노구를 민족제단에 바친 의열투쟁가 - 강우규
020 미 대륙의 항일무장투쟁론자 - 박용만
021 영원한 대한민국임시정부의 요인 - 김철
022 혁신유림계의 독립운동을 주도한 선각자 - 김창숙
023 시대를 앞서간 민족혁명의 선각자 - 신규식
024 대한민국을 세운 독립운동가 - 이승만
025 한국광복군 총사령 - 지청천

026 독립협회를 창설한 개화·개혁의 선구자 - 서재필
027 만주 항일무장투쟁의 신화 - 김좌진
028 일왕을 겨눈 독립투사 - 이봉창
029 만주지역 통합운동의 주역 - 김동삼
030 소년운동을 민족운동으로 승화시킨 - 방정환
031 의열투쟁의 선구자 - 전명운
032 대종교와 대한민국임시정부 - 조완구
033 재미한인 독립운동의 표상 - 김호
034 천도교에서 민족지도자의 길을 간 - 손병희
035 계몽운동에서 무장투쟁까지의 선도자 - 양기탁
036 무궁화 사랑으로 삼천리를 수놓은 - 남궁억
037 대 한 선비의 표상 - 최익현
038 흐르고 흰 저 천 길 물 속에 - 김도현
039 불멸의 민족혼 되살려 낸 역사가 - 박은식
040 독립과 민족해방의 철학사상가 - 김중건
041 실천적인 민족주의 역사가 - 장도빈
042 잊혀진 미주 한인사회의 대들보 - 이대위
043 독립군을 기르고 광복군을 조직한 군사전문가 - 조성환
044 우리말·우리역사 보급의 거목 - 이윤재
045 의열단·민족혁명당·조선의용대의 영혼 - 윤세주
046 한국의 독립운동을 도운 영국 언론인 - 배설
047 자유의 불꽃을 목숨으로 피운 - 윤봉길
048 한국 항일여성운동계의 대모 - 김마리아
049 극일에서 분단을 넘은 박애주의자 - 박열
050 영원한 자유인을 추구한 민족해방운동가 - 신채호

051 독립전쟁론의 선구자 광복회 총사령 – 박상진
052 민족의 독립과 통합에 바친 삶 – 김규식
053 '조선심'을 주창한 민족사학자 – 문일평
054 겨레의 시민사회운동가 – 이상재
055 한글에 빛을 밝힌 어문민족주의자 – 주시경
056 대한제국의 마지막 숨결 – 민영환
057 좌우의 벽을 뛰어넘은 독립운동가 – 신익희
058 임시정부와 흥사단을 이끈 독립운동계의 재상 – 차리석
059 대한민국임시정부의 초대 국무총리 – 이동휘
060 청렴결백한 대한민국 임시정부의 지킴이 – 이시영
061 자유독립을 위한 밀알 – 신석구
062 전인적인 독립운동가 – 한용운
063 만주 지역 민족통합을 이끈 지도자 – 정이형
064 민족과 국가를 위해 살다 간 지도자 – 김구
065 대한민국임시정부의 이론가 – 조소앙
066 타이완 항일 의열투쟁의 선봉 – 조명하
067 대륙에 용맹을 떨친 명장 – 김홍일
068 의열투쟁에 헌신한 독립운동가 – 나창헌
069 한국인보다 한국을 더 사랑한 미국인 – 헐버트
070 3·1운동과 임시정부 수립의 숨은 주역 – 현순
071 대한독립을 위해 하늘을 날았던 한국 최초의 여류비행사 – 권기옥
072 대한민국임시정부의 정신적 지주 – 이동녕
073 독립의군부의 지도자 – 임병찬
074 만주 무장투쟁의 맹장 – 김승학
075 독립전쟁에 일생을 바친 군인 – 김학규

076 시대를 뛰어넘은 평민 의병장 – 신돌석
077 남만주 최후의 독립군 사령관 – 양세봉
078 신대한 건설의 비전, 무실역행의 독립운동가 – 송종익
079 한국 독립운동의 혁명 영수 – 안창호
080 광야에 선 민족시인 – 이육사
081 살신성인의 길을 간 의열투쟁가 – 김지섭
082 새로운 하나된 한국을 꿈꾼 – 유일한
083 투탄과 자결, 의열투쟁의 화신 – 나석주
084 의열투쟁의 이론을 정립하고 실천한 – 류자명
085 신학문과 독립운동의 선구자 – 이상설
086 민중에게 다가간 독립운동가 – 이종일
087 의병전쟁의 선봉장 – 이강년
088 독립과 통일 의지로 일관한 신뢰의 지도자 – 여운형
089 항일변호사의 선봉 – 김병로
090 세대·이념·종교를 아우른 민중의 지도자 – 권동진
091 경술국치에 항거한 순국지사 – 황현
092 통일국가 수립을 위해 분투한 독립운동가 – 김순애
093 불법으로 나라를 구하고자 한 불교인 – 김법린
094 독립공군 육성에 헌신한 대한민국임시정부 군무 총장 – 노백린
095 불교계 독립운동의 지도자 – 백용성
096 재미한인 독립운동을 이끈 항일 언론인 – 백일규
097 재중국 한국인 아나키스트운동의 실천적 지도자 – 류기석
098 대한민국임시정부의 후원자 – 장제스
099 우리 말글을 목숨처럼 지킨 – 최현배